U0651125

黄淮海区
耕地质量主要性状数据集

农业农村部耕地质量监测保护中心　编著

中国农业出版社
北　京

图书在版编目（CIP）数据

黄淮海区耕地质量主要性状数据集 / 农业农村部耕地质量监测保护中心编著. -- 北京 ：中国农业出版社，2024. 12. -- ISBN 978-7-109-32553-1

Ⅰ. F323.211

中国国家版本馆 CIP 数据核字第 2024HR6819 号

黄淮海区耕地质量主要性状数据集

HUANGHUAIHAIQU GENGDI ZHILIANG ZHUYAO XINGZHUANG SHUJUJI

中国农业出版社出版
地址：北京市朝阳区麦子店街 18 号楼
邮编：100125
责任编辑：贺志清
版式设计：杨　婧　　责任校对：吴丽婷
印刷：北京通州皇家印刷厂
版次：2024 年 12 月第 1 版
印次：2024 年 12 月北京第 1 次印刷
发行：新华书店北京发行所
开本：880mm×1230mm　1/16
印张：13.25
字数：430 千字
定价：100.00 元

前言

黄淮海区包括北京市、天津市、山东省全部，河北省东部、河南省东部、安徽省北部，总耕地面积 2 140 万 hm^2，占全国耕地总面积的 15.9%。全面梳理黄淮海区主要土壤类型耕地质量性状，对发挥黄淮海区域耕地质量优势，发展生产，解决耕地质量劣势，有效培肥，促进耕地质量的有效保护、耕地的可持续利用有重要的意义。

为全面掌握黄淮海区耕地质量状况，推动评价成果为农业生产服务，自 2018 年起，农业农村部耕地质量监测保护中心组织北京市、天津市、山东省、河北省、河南省 5 个省份有关技术人员，根据《耕地质量调查监测与评价办法》《耕地质量等级》（GB/T33469—2016），开展了黄淮海区耕地质量区域汇总评价工作。按照兼顾土壤类型、行政区划、地貌类型、地力水平等因素的原则，在该区域共计甄别遴选了 26 920 个评价样点，并对数据进行了集中审查，建立了规范化的耕地资源属性数据库。在此基础上，根据土壤发生学分类，按照土类、亚类、土属整理汇编了《黄淮海区耕地质量主要性状数据集》。黄淮海区耕地包括潮土、褐土、砂姜黑土、棕壤、黄褐土、水稻土、粗骨土、风沙土、黄棕壤、草甸盐土、滨海盐土、沼泽土、石质土、石灰（岩）土、草甸土 15 个主要土壤类型、53 个主要亚类和 127 个主要土属。数据集涵盖有效土层厚度、耕层厚度、耕层容重、土壤有机质、土壤全氮、土壤有效磷、土壤速效钾、土壤缓效钾、土壤有效铜、土壤有效锌、土壤有效铁、土壤有效锰、土壤有效硼、土壤有效钼、土壤有效硫、土壤有效硅、耕层质地及土壤 pH 等 18 个数据项，涉及数据 78 万余个。

本书由科技基础资源调查专项“典型农区耕地质量演替数据整编与深加工”项目（2021FY100500）所属“耕地质量与生产力数据深加工”课题（2021FY100505）资助出版，特此感谢！

由于数据量大，编著者水平有限，不妥之处敬请广大读者批评指正！

编著者

2024 年 7 月

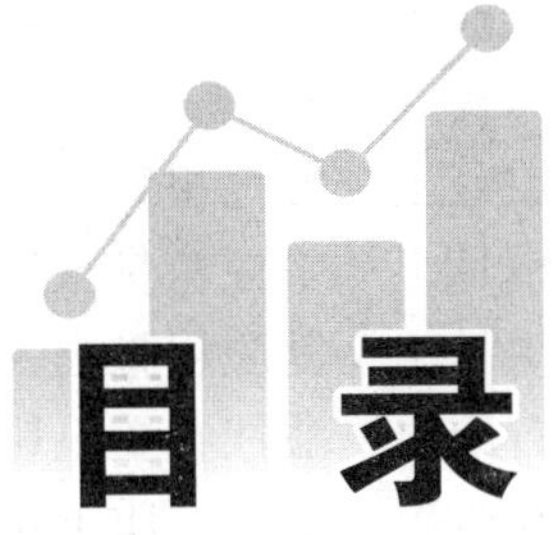

目录

三、土　　属

一、土 类

黄棕壤耕地土壤主要理化性状

项目名称	样本数（个）	平均值	标准差	变异系数（%）	范 围
有效土层厚度（cm）	34	88.2	18.50	20.97	60.0～100.0
耕层厚度（cm）	34	20.0	0.00	0.00	20.0～20.0
耕层容重（g/cm^3）	33	1.32	0.09	7.17	1.16～1.47
有机质（g/kg）	31	19.5	4.73	24.34	10.3～28.8
全氮（g/kg）	34	1.156	0.22	19.00	0.710～1.690
有效磷（mg/kg）	33	25.5	13.51	53.00	6.2～63.6
速效钾（mg/kg）	31	150	57.49	38.33	74～288
缓效钾（mg/kg）	34	661	210.99	31.92	265～1 122
有效铜（mg/kg）	29	2.25	1.06	47.21	0.51～4.50
有效锌（mg/kg）	29	1.91	1.23	64.33	0.40～5.54
有效铁（mg/kg）	29	46.20	29.42	63.69	5.23～106.00
有效锰（mg/kg）	29	51.62	32.62	63.20	15.50～100.00
有效硼（mg/kg）	27	0.46	0.25	53.63	0.18～1.36
有效钼（mg/kg）	28	0.187	0.08	42.13	0.040～0.380
有效硫（mg/kg）	29	15.13	7.10	46.95	5.00～33.55
有效硅（mg/kg）	22	248.74	118.37	47.59	95.71～557.20

耕层质地

砂土		砂壤土		轻壤土		中壤土		重壤土		黏土	
样本数	占比（%）	样本数	占比（%）	样本数	占比（%）	样本数	占比（%）	样本数	占比（%）	样本数	占比（%）
1	2.94	0	0.00	8	23.53	11	32.35	2	5.88	12	35.29

土壤 pH

≤4.5		(4.5～5.5]		(5.5～6.5]		(6.5～7.5]		(7.5～8.5]		>8.5	
样本数	占比（%）	样本数	占比（%）	样本数	占比（%）	样本数	占比（%）	样本数	占比（%）	样本数	占比（%）
0	0.00	11	32.35	13	38.24	5	14.71	5	14.71	0	0.00

黄褐土耕地土壤主要理化性状

项目名称	样本数（个）	平均值	标准差	变异系数（%）	范　围
有效土层厚度（cm）	839	96.8	10.92	11.29	60.0～100.0
耕层厚度（cm）	871	20.0	0.12	0.59	20.0～22.0
耕层容重（g/cm^3）	834	1.41	0.11	7.68	1.16～1.62
有机质（g/kg）	845	18.0	4.31	23.96	7.7～30.5
全氮（g/kg）	868	1.027	0.25	24.24	0.310～1.890
有效磷（mg/kg）	871	23.8	13.23	55.56	3.0～98.0
速效钾（mg/kg）	862	119	41.61	35.00	58～400
缓效钾（mg/kg）	869	572	189.40	33.11	100～1 330
有效铜（mg/kg）	691	1.98	0.74	37.15	0.47～6.15
有效锌（mg/kg）	680	1.52	0.81	53.41	0.32～6.23
有效铁（mg/kg）	589	57.81	26.73	46.23	5.06～114.33
有效锰（mg/kg）	693	59.97	27.93	46.57	1.97～100.00
有效硼（mg/kg）	681	0.54	0.29	53.28	0.12～1.84
有效钼（mg/kg）	645	0.140	0.09	65.50	0.040～0.660
有效硫（mg/kg）	683	20.46	13.80	67.46	5.00～144.93
有效硅（mg/kg）	309	250.12	122.42	48.95	51.31～563.06

耕层质地

砂土		砂壤土		轻壤土		中壤土		重壤土		黏土	
样本数	占比（%）	样本数	占比（%）	样本数	占比（%）	样本数	占比（%）	样本数	占比（%）	样本数	占比（%）
1	0.11	11	1.26	65	7.46	602	69.12	120	13.78	72	8.27

土壤 pH

≤4.5		(4.5～5.5]		(5.5～6.5]		(6.5～7.5]		(7.5～8.5]		>8.5	
样本数	占比（%）	样本数	占比（%）	样本数	占比（%）	样本数	占比（%）	样本数	占比（%）	样本数	占比（%）
18	2.07	446	51.21	280	32.15	87	9.99	40	4.59	0	0.00

棕壤耕地土壤主要理化性状

项目名称	样本数（个）	平均值	标准差	变异系数（%）	范　围
有效土层厚度（cm）	1 731	85.3	19.30	22.64	60.0～100.0
耕层厚度（cm）	1 824	20.0	0.00	0.00	20.0～20.0
耕层容重（g/cm^3）	1 356	1.40	0.10	6.81	1.16～1.62
有机质（g/kg）	1 705	14.1	4.59	32.43	7.4～30.6
全氮（g/kg）	1 369	0.972	0.32	33.39	0.167～1.880
有效磷（mg/kg）	1 753	21.9	25.73	117.23	3.0～110.7
速效钾（mg/kg）	1 656	150	79.54	52.88	58～400
缓效钾（mg/kg）	1 426	360	295.49	82.03	100～1 360
有效铜（mg/kg）	779	2.02	1.09	54.03	0.44～6.15
有效锌（mg/kg）	797	1.98	1.49	75.14	0.34～7.44
有效铁（mg/kg）	775	47.24	29.67	62.81	2.90～113.07
有效锰（mg/kg）	859	33.85	26.53	78.38	1.58～100.00
有效硼（mg/kg）	790	0.47	0.33	71.56	0.11～2.07
有效钼（mg/kg）	827	0.173	0.09	51.00	0.040～0.660
有效硫（mg/kg）	855	30.99	21.62	69.76	5.00～127.50
有效硅（mg/kg）	797	154.44	91.90	59.50	47.22～539.66

耕层质地

砂土		砂壤土		轻壤土		中壤土		重壤土		黏土	
样本数	占比（%）	样本数	占比（%）	样本数	占比（%）	样本数	占比（%）	样本数	占比（%）	样本数	占比（%）
133	7.29	623	34.16	639	35.03	251	13.76	94	5.15	84	4.61

土壤 pH

≤4.5		(4.5～5.5]		(5.5～6.5]		(6.5～7.5]		(7.5～8.5]		>8.5	
样本数	占比（%）	样本数	占比（%）	样本数	占比（%）	样本数	占比（%）	样本数	占比（%）	样本数	占比（%）
76	4.17	664	36.40	651	35.69	325	17.82	106	5.81	2	0.11

褐土耕地土壤主要理化性状

项目名称	样本数（个）	平均值	标准差	变异系数（%）	范　围
有效土层厚度（cm）	4 915	96.0	12.02	12.52	60.0～100.0
耕层厚度（cm）	4 856	20.3	1.10	5.44	20.0～25.0
耕层容重（g/cm³）	4 172	1.37	0.10	7.61	1.15～1.62
有机质（g/kg）	4 730	18.7	5.34	28.50	7.4～30.7
全氮（g/kg）	4 582	1.137	0.33	29.18	0.141～1.890
有效磷（mg/kg）	4 824	27.2	21.89	80.58	3.0～110.7
速效钾（mg/kg）	4 892	162	75.38	46.55	58～400
缓效钾（mg/kg）	4 765	662	327.54	49.44	100～1 361
有效铜（mg/kg）	4 055	1.64	0.85	51.47	0.43～6.10
有效锌（mg/kg）	4 017	2.15	1.35	62.53	0.32～7.59
有效铁（mg/kg）	4 027	23.71	19.93	84.08	2.90～113.51
有效锰（mg/kg）	4 046	20.44	17.97	87.93	1.56～100.00
有效硼（mg/kg）	3 948	0.62	0.39	62.43	0.11～2.06
有效钼（mg/kg）	3 809	0.206	0.12	59.24	0.040～0.680
有效硫（mg/kg）	4 174	28.67	18.96	66.13	5.00～150.02
有效硅（mg/kg）	3 903	203.08	92.23	45.42	46.95～555.00

耕层质地

砂土		砂壤土		轻壤土		中壤土		重壤土		黏土	
样本数	占比（%）	样本数	占比（%）	样本数	占比（%）	样本数	占比（%）	样本数	占比（%）	样本数	占比（%）
154	3.09	621	12.48	2 159	43.38	1 756	35.28	201	4.04	86	1.73

土壤 pH

≤4.5		(4.5～5.5]		(5.5～6.5]		(6.5～7.5]		(7.5～8.5]		>8.5	
样本数	占比（%）	样本数	占比（%）	样本数	占比（%）	样本数	占比（%）	样本数	占比（%）	样本数	占比（%）
17	0.34	294	5.91	681	13.68	1 070	21.50	2 853	57.32	62	1.25

风沙土耕地土壤主要理化性状

项目名称	样本数（个）	平均值	标准差	变异系数（%）	范 围
有效土层厚度（cm）	47	98.3	8.16	8.30	60.0～100.0
耕层厚度（cm）	47	20.6	1.47	7.15	20.0～25.0
耕层容重（g/cm^3）	41	1.42	0.11	7.76	1.19～1.60
有机质（g/kg）	43	12.9	3.55	27.42	7.5～24.0
全氮（g/kg）	47	0.803	0.24	30.08	0.380～1.590
有效磷（mg/kg）	46	27.2	19.32	71.14	4.6～90.0
速效钾（mg/kg）	46	140	63.38	45.31	66～380
缓效钾（mg/kg）	47	646	183.20	28.36	219～1 110
有效铜（mg/kg）	31	1.38	0.93	67.70	0.46～5.27
有效锌（mg/kg）	35	1.91	1.16	60.67	0.33～6.48
有效铁（mg/kg）	35	14.48	13.14	90.71	5.00～55.20
有效锰（mg/kg）	36	10.95	5.57	50.85	3.90～23.18
有效硼（mg/kg）	35	0.92	0.47	50.64	0.18～1.92
有效钼（mg/kg）	30	0.149	0.08	53.83	0.050～0.380
有效硫（mg/kg）	36	32.63	23.18	71.04	12.55～131.68
有效硅（mg/kg）	31	150.68	72.28	47.97	47.50～310.00

耕层质地

砂土		砂壤土		轻壤土		中壤土		重壤土		黏土	
样本数	占比（%）	样本数	占比（%）	样本数	占比（%）	样本数	占比（%）	样本数	占比（%）	样本数	占比（%）
28	59.57	14	29.79	3	6.38	2	4.26	0	0.00	0	0.00

土壤 pH

≤4.5		(4.5～5.5]		(5.5～6.5]		(6.5～7.5]		(7.5～8.5]		>8.5	
样本数	占比（%）	样本数	占比（%）	样本数	占比（%）	样本数	占比（%）	样本数	占比（%）	样本数	占比（%）
0	0.00	1	2.13	1	2.13	5	10.64	38	80.85	2	4.26

石灰（岩）土耕地土壤主要理化性状

项目名称	样本数（个）	平均值	标准差	变异系数（%）	范　围
有效土层厚度（cm）	7	88.6	19.52	22.04	60.0～100.0
耕层厚度（cm）	7	20.0	0.00	0.00	20.0～20.0
耕层容重（g/cm^3）	7	1.30	0.03	2.45	1.27～1.36
有机质（g/kg）	7	19.4	3.46	17.81	12.9～23.2
全氮（g/kg）	7	1.186	0.29	24.66	0.710～1.600
有效磷（mg/kg）	7	12.6	3.78	30.10	8.3～20.0
速效钾（mg/kg）	7	187	80.94	43.40	99～303
缓效钾（mg/kg）	7	370	326.84	88.23	100～786
有效铜（mg/kg）	7	1.89	0.58	30.42	0.89～2.71
有效锌（mg/kg）	6	0.92	0.51	55.84	0.35～1.81
有效铁（mg/kg）	7	15.82	13.64	86.26	5.76～40.30
有效锰（mg/kg）	7	22.25	10.68	47.99	11.90～40.20
有效硼（mg/kg）	7	0.55	0.34	61.36	0.20～1.10
有效钼（mg/kg）	5	0.286	0.12	40.29	0.210～0.490
有效硫（mg/kg）	7	25.01	14.32	57.24	8.67～47.52
有效硅（mg/kg）	6	397.38	128.18	32.26	169.26～521.81

耕层质地

砂土		砂壤土		轻壤土		中壤土		重壤土		黏土	
样本数	占比（%）	样本数	占比（%）	样本数	占比（%）	样本数	占比（%）	样本数	占比（%）	样本数	占比（%）
0	0.00	0	0.00	1	14.29	5	71.43	1	14.29	0	0.00

土壤 pH

≤4.5		(4.5～5.5]		(5.5～6.5]		(6.5～7.5]		(7.5～8.5]		>8.5	
样本数	占比（%）	样本数	占比（%）	样本数	占比（%）	样本数	占比（%）	样本数	占比（%）	样本数	占比（%）
0	0.00	0	0.00	1	14.29	6	85.71	0	0.00	0	0.00

粗骨土耕地土壤主要理化性状

项目名称	样本数（个）	平均值	标准差	变异系数（%）	范　围
有效土层厚度（cm）	231	70.7	17.76	25.11	60.0～100.0
耕层厚度（cm）	243	20.0	0.45	2.26	20.0～25.0
耕层容重（g/cm^3）	120	1.39	0.08	6.07	1.19～1.62
有机质（g/kg）	230	15.2	5.25	34.57	7.6～30.2
全氮（g/kg）	206	1.132	0.37	32.60	0.300～1.890
有效磷（mg/kg）	232	34.2	26.52	77.52	3.0～110.3
速效钾（mg/kg）	213	152	73.38	48.28	58～400
缓效钾（mg/kg）	185	580	272.04	46.94	100～1 344
有效铜（mg/kg）	89	2.02	1.37	68.05	0.44～6.02
有效锌（mg/kg）	81	2.07	1.81	87.48	0.36～7.58
有效铁（mg/kg）	93	41.37	26.64	64.39	5.10～112.30
有效锰（mg/kg）	102	31.64	26.49	83.71	1.60～100.00
有效硼（mg/kg）	72	0.54	0.42	77.00	0.12～1.82
有效钼（mg/kg）	103	0.174	0.08	44.92	0.050～0.540
有效硫（mg/kg）	100	34.75	23.31	67.07	5.00～127.69
有效硅（mg/kg）	90	161.85	89.79	55.48	51.96～403.33

耕层质地

砂土		砂壤土		轻壤土		中壤土		重壤土		黏土	
样本数	占比（%）	样本数	占比（%）	样本数	占比（%）	样本数	占比（%）	样本数	占比（%）	样本数	占比（%）
38	15.64	102	41.98	43	17.70	35	14.40	13	5.35	12	4.94

土壤 pH

≤4.5		(4.5～5.5]		(5.5～6.5]		(6.5～7.5]		(7.5～8.5]		>8.5	
样本数	占比（%）	样本数	占比（%）	样本数	占比（%）	样本数	占比（%）	样本数	占比（%）	样本数	占比（%）
7	2.88	103	42.39	74	30.45	34	13.99	24	9.88	1	0.41

石质土耕地土壤主要理化性状

项目名称	样本数（个）	平均值	标准差	变异系数（%）	范　围
有效土层厚度（cm）	19	81.1	20.52	25.32	60.0～100.0
耕层厚度（cm）	22	20.0	0.00	0.00	20.0～20.0
耕层容重（g/cm^3）	16	1.46	0.08	5.42	1.31～1.53
有机质（g/kg）	20	19.9	4.58	22.99	7.5～26.7
全氮（g/kg）	21	1.187	0.38	31.66	0.489～1.700
有效磷（mg/kg）	22	21.4	14.10	65.94	3.0～52.9
速效钾（mg/kg）	22	162	74.03	45.82	60～374
缓效钾（mg/kg）	21	842	352.08	41.81	100～1 345
有效铜（mg/kg）	15	1.38	0.25	18.46	0.92～1.75
有效锌（mg/kg）	15	2.58	1.45	56.45	0.44～5.09
有效铁（mg/kg）	15	21.58	14.63	67.80	9.50～53.90
有效锰（mg/kg）	15	27.57	26.67	96.75	7.70～100.00
有效硼（mg/kg）	14	0.86	0.27	31.99	0.46～1.34
有效钼（mg/kg）	14	0.245	0.08	33.15	0.110～0.360
有效硫（mg/kg）	15	18.09	9.09	50.26	5.50～38.90
有效硅（mg/kg）	13	243.75	25.21	10.34	207.00～297.50

耕层质地

砂土		砂壤土		轻壤土		中壤土		重壤土		黏土	
样本数	占比（%）	样本数	占比（%）	样本数	占比（%）	样本数	占比（%）	样本数	占比（%）	样本数	占比（%）
0	0.00	5	22.73	12	54.55	5	22.73	0	0.00	0	0.00

土壤 pH

≤4.5		(4.5～5.5]		(5.5～6.5]		(6.5～7.5]		(7.5～8.5]		>8.5	
样本数	占比（%）	样本数	占比（%）	样本数	占比（%）	样本数	占比（%）	样本数	占比（%）	样本数	占比（%）
1	4.55	2	9.09	4	18.18	3	13.64	11	50.00	1	4.55

草甸土耕地土壤主要理化性状

项目名称	样本数（个）	平均值	标准差	变异系数（%）	范围
有效土层厚度（cm）	6	100.0	0.00	0.00	100.0～100.0
耕层厚度（cm）	7	20.0	0.00	0.00	20.0～20.0
耕层容重（g/cm^3）	7	1.36	0.13	9.33	1.24～1.60
有机质（g/kg）	7	18.9	5.58	29.53	11.8～29.7
全氮（g/kg）	7	0.974	0.36	36.75	0.540～1.590
有效磷（mg/kg）	7	12.6	6.73	53.36	5.7～26.3
速效钾（mg/kg）	6	143	83.82	58.76	85～312
缓效钾（mg/kg）	7	888	223.80	25.20	548～1 179
有效铜（mg/kg）	7	1.38	0.63	45.89	0.68～2.28
有效锌（mg/kg）	7	2.00	0.76	38.00	0.69～2.95
有效铁（mg/kg）	7	19.86	8.84	44.49	9.48～34.35
有效锰（mg/kg）	7	8.66	6.80	78.53	3.30～20.54
有效硼（mg/kg）	7	0.72	0.34	47.76	0.21～1.10
有效钼（mg/kg）	7	0.143	0.03	23.47	0.090～0.200
有效硫（mg/kg）	7	28.81	14.88	51.66	11.91～47.40
有效硅（mg/kg）	7	170.17	48.85	28.71	131.00～273.18

耕层质地

砂土		砂壤土		轻壤土		中壤土		重壤土		黏土	
样本数	占比（%）	样本数	占比（%）	样本数	占比（%）	样本数	占比（%）	样本数	占比（%）	样本数	占比（%）
2	28.57	1	14.29	3	42.86	1	14.29	0	0.00	0	0.00

土壤 pH

≤4.5		(4.5～5.5]		(5.5～6.5]		(6.5～7.5]		(7.5～8.5]		>8.5	
样本数	占比（%）	样本数	占比（%）	样本数	占比（%）	样本数	占比（%）	样本数	占比（%）	样本数	占比（%）
0	0.00	0	0.00	0	0.00	0	0.00	7	100.00	0	0.00

潮土耕地土壤主要理化性状

项目名称	样本数（个）	平均值	标准差	变异系数（%）	范　围
有效土层厚度（cm）	14 819	97.4	9.86	10.12	60.0～100.0
耕层厚度（cm）	14 635	20.1	0.68	3.39	20.0～25.0
耕层容重（g/cm^3）	12 409	1.36	0.10	7.17	1.15～1.62
有机质（g/kg）	14 381	17.2	4.71	27.32	7.4～30.7
全氮（g/kg）	14 248	1.089	0.30	27.11	0.142～1.890
有效磷（mg/kg）	14 565	22.9	18.02	78.65	3.0～110.0
速效钾（mg/kg）	14 655	177	80.60	45.58	58～400
缓效钾（mg/kg）	14 247	727	275.50	37.88	100～1 364
有效铜（mg/kg）	11 753	1.58	0.83	52.44	0.43～6.15
有效锌（mg/kg）	11 796	1.77	1.12	63.29	0.32～7.59
有效铁（mg/kg）	11 882	16.79	14.76	87.88	2.90～114.20
有效锰（mg/kg）	12 022	13.93	13.07	93.86	1.53～100.00
有效硼（mg/kg）	11 678	0.71	0.37	52.42	0.11～2.07
有效钼（mg/kg）	11 126	0.168	0.09	55.28	0.039～0.680
有效硫（mg/kg）	11 645	33.59	26.12	77.76	5.00～152.41
有效硅（mg/kg）	10 763	173.14	105.17	60.75	46.96～564.00

耕层质地

砂土		砂壤土		轻壤土		中壤土		重壤土		黏土	
样本数	占比（%）	样本数	占比（%）	样本数	占比（%）	样本数	占比（%）	样本数	占比（%）	样本数	占比（%）
507	3.42	2 503	16.87	4 923	33.17	4 337	29.23	1 339	9.02	1 231	8.30

土壤 pH

≤4.5		(4.5～5.5]		(5.5～6.5]		(6.5～7.5]		(7.5～8.5]		>8.5	
样本数	占比（%）	样本数	占比（%）	样本数	占比（%）	样本数	占比（%）	样本数	占比（%）	样本数	占比（%）
29	0.20	465	3.13	616	4.15	1 143	7.70	11 686	78.75	901	6.07

砂姜黑土耕地土壤主要理化性状

项目名称	样本数（个）	平均值	标准差	变异系数（%）	范　围
有效土层厚度（cm）	3 176	95.1	13.16	13.84	60.0～100.0
耕层厚度（cm）	3 179	20.1	0.69	3.44	20.0～25.0
耕层容重（g/cm^3）	3 075	1.35	0.08	5.78	1.15～1.62
有机质（g/kg）	3 108	18.9	4.68	24.71	7.5～30.6
全氮（g/kg）	2 849	1.150	0.28	24.65	0.150～1.890
有效磷（mg/kg）	3 206	22.0	15.70	71.32	3.0～108.4
速效钾（mg/kg）	3 204	156	59.36	38.05	58～400
缓效钾（mg/kg）	3 033	554	226.74	40.91	100～1 360
有效铜（mg/kg）	2 468	1.79	0.77	43.17	0.45～6.07
有效锌（mg/kg）	2 429	1.35	0.86	63.60	0.32～5.91
有效铁（mg/kg）	2 441	41.72	28.63	68.61	2.95～114.50
有效锰（mg/kg）	2 501	38.06	28.87	75.86	1.70～100.00
有效硼（mg/kg）	2 474	0.55	0.31	55.87	0.12～2.05
有效钼（mg/kg）	2 425	0.181	0.07	40.05	0.037～0.660
有效硫（mg/kg）	2 489	23.26	15.60	67.08	5.00～150.40
有效硅（mg/kg）	2 035	278.38	145.81	52.38	47.45～562.68

耕层质地

砂土		砂壤土		轻壤土		中壤土		重壤土		黏土	
样本数	占比（%）	样本数	占比（%）	样本数	占比（%）	样本数	占比（%）	样本数	占比（%）	样本数	占比（%）
1	0.03	27	0.84	122	3.78	959	29.71	1 345	41.67	774	23.98

土壤 pH

≤4.5		(4.5～5.5]		(5.5～6.5]		(6.5～7.5]		(7.5～8.5]		>8.5	
样本数	占比（%）	样本数	占比（%）	样本数	占比（%）	样本数	占比（%）	样本数	占比（%）	样本数	占比（%）
19	0.59	724	22.43	993	30.76	772	23.92	694	21.50	26	0.81

沼泽土耕地土壤主要理化性状

项目名称	样本数（个）	平均值	标准差	变异系数（%）	范　围
有效土层厚度（cm）	20	100.0	0.00	0.00	100.0～100.0
耕层厚度（cm）	13	20.5	1.20	5.86	20.0～24.0
耕层容重（g/cm^3）	20	1.38	0.08	5.58	1.23～1.56
有机质（g/kg）	20	17.4	3.77	21.63	11.8～28.9
全氮（g/kg）	20	0.954	0.25	26.33	0.640～1.840
有效磷（mg/kg）	20	16.4	17.43	106.54	3.9～76.5
速效钾（mg/kg）	19	308	117.22	38.03	87～400
缓效钾（mg/kg）	17	900	232.45	25.83	413～1 334
有效铜（mg/kg）	19	3.78	1.75	46.30	0.72～6.09
有效锌（mg/kg）	20	1.72	0.39	22.88	0.62～2.31
有效铁（mg/kg）	19	21.23	17.87	84.15	3.94～90.50
有效锰（mg/kg）	15	10.68	5.83	54.61	2.15～25.55
有效硼（mg/kg）	20	1.41	0.32	22.99	0.87～2.06
有效钼（mg/kg）	6	0.282	0.16	55.16	0.040～0.500
有效硫（mg/kg）	20	53.41	36.20	67.78	5.91～137.00
有效硅（mg/kg）	6	146.36	58.41	39.90	77.22～217.28

耕层质地

砂土		砂壤土		轻壤土		中壤土		重壤土		黏土	
样本数	占比（%）	样本数	占比（%）	样本数	占比（%）	样本数	占比（%）	样本数	占比（%）	样本数	占比（%）
0	0.00	0	0.00	1	5.00	1	5.00	16	80.00	2	10.00

土壤 pH

≤4.5		(4.5～5.5]		(5.5～6.5]		(6.5～7.5]		(7.5～8.5]		>8.5	
样本数	占比（%）	样本数	占比（%）	样本数	占比（%）	样本数	占比（%）	样本数	占比（%）	样本数	占比（%）
0	0.00	0	0.00	0	0.00	3	15.00	15	75.00	2	10.00

草甸盐土耕地土壤主要理化性状

项目名称	样本数（个）	平均值	标准差	变异系数（%）	范　围
有效土层厚度（cm）	31	96.1	12.02	12.51	60.0～100.0
耕层厚度（cm）	31	20.0	0.00	0.00	20.0～20.0
耕层容重（g/cm³）	18	1.33	0.11	7.89	1.18～1.53
有机质（g/kg）	30	19.7	5.27	26.76	8.5～30.2
全氮（g/kg）	28	1.129	0.41	36.38	0.150～1.559
有效磷（mg/kg）	31	25.0	15.80	63.13	4.5～76.4
速效钾（mg/kg）	31	226	99.89	44.22	68～400
缓效钾（mg/kg）	27	898	220.26	24.54	424～1 317
有效铜（mg/kg）	28	1.37	0.83	60.98	0.52～4.99
有效锌（mg/kg）	28	1.59	1.00	62.73	0.37～3.76
有效铁（mg/kg）	28	13.04	5.68	43.54	7.49～33.90
有效锰（mg/kg）	28	9.30	3.62	38.89	2.72～18.90
有效硼（mg/kg）	27	0.72	0.33	46.21	0.27～1.62
有效钼（mg/kg）	28	0.165	0.08	47.31	0.040～0.330
有效硫（mg/kg）	28	61.30	39.94	65.15	5.42～127.59
有效硅（mg/kg）	28	118.76	46.32	39.00	62.71～244.80

耕层质地

砂土		砂壤土		轻壤土		中壤土		重壤土		黏土	
样本数	占比（%）	样本数	占比（%）	样本数	占比（%）	样本数	占比（%）	样本数	占比（%）	样本数	占比（%）
1	3.23	2	6.45	14	45.16	10	32.26	0	0.00	4	12.90

土壤 pH

≤4.5		(4.5～5.5]		(5.5～6.5]		(6.5～7.5]		(7.5～8.5]		>8.5	
样本数	占比（%）	样本数	占比（%）	样本数	占比（%）	样本数	占比（%）	样本数	占比（%）	样本数	占比（%）
0	0.00	0	0.00	0	0.00	1	3.23	29	93.55	1	3.23

滨海盐土耕地土壤主要理化性状

项目名称	样本数（个）	平均值	标准差	变异系数（%）	范　围
有效土层厚度（cm）	22	100.0	0.00	0.00	100.0～100.0
耕层厚度（cm）	22	20.0	0.00	0.00	20.0～20.0
耕层容重（g/cm³）	15	1.46	0.11	7.74	1.28～1.59
有机质（g/kg）	22	15.7	4.46	28.31	9.1～24.9
全氮（g/kg）	22	1.049	0.27	25.83	0.550～1.670
有效磷（mg/kg）	22	18.9	15.98	84.69	3.0～51.0
速效钾（mg/kg）	22	288	108.40	37.64	73～400
缓效钾（mg/kg）	11	447	433.69	97.08	100～1 200
有效铜（mg/kg）	21	1.75	0.58	32.97	1.21～3.96
有效锌（mg/kg）	21	1.96	1.09	55.63	0.57～4.15
有效铁（mg/kg）	22	23.94	10.98	45.89	7.04～46.29
有效锰（mg/kg）	22	18.21	20.57	112.96	2.73～100.00
有效硼（mg/kg）	20	1.16	0.41	35.21	0.71～2.00
有效钼（mg/kg）	21	0.210	0.14	64.37	0.040～0.640
有效硫（mg/kg）	20	69.71	34.88	50.04	8.97～133.00
有效硅（mg/kg）	21	193.40	93.45	48.32	63.20～316.00

耕层质地

砂土		砂壤土		轻壤土		中壤土		重壤土		黏土	
样本数	占比（%）	样本数	占比（%）	样本数	占比（%）	样本数	占比（%）	样本数	占比（%）	样本数	占比（%）
0	0.00	1	4.55	5	22.73	2	9.09	7	31.82	7	31.82

土壤 pH

≤4.5		(4.5～5.5]		(5.5～6.5]		(6.5～7.5]		(7.5～8.5]		>8.5	
样本数	占比（%）	样本数	占比（%）	样本数	占比（%）	样本数	占比（%）	样本数	占比（%）	样本数	占比（%）
0	0.00	0	0.00	0	0.00	2	9.09	16	72.73	4	18.18

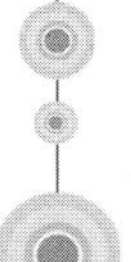

水稻土耕地土壤主要理化性状

项目名称	样本数（个）	平均值	标准差	变异系数（%）	范　围
有效土层厚度（cm）	742	97.4	9.94	10.21	60.0～100.0
耕层厚度（cm）	741	20.0	0.27	1.36	20.0～25.0
耕层容重（g/cm^3）	697	1.33	0.09	7.12	1.15～1.60
有机质（g/kg）	670	20.5	5.18	25.20	8.4～30.7
全氮（g/kg）	679	1.173	0.31	26.26	0.183～1.890
有效磷（mg/kg）	741	25.7	19.96	77.64	3.0～109.5
速效钾（mg/kg）	719	159	69.93	43.94	58～400
缓效钾（mg/kg）	712	522	215.57	41.28	100～1 347
有效铜（mg/kg）	632	2.04	1.06	51.93	0.48～6.03
有效锌（mg/kg）	661	1.61	0.97	59.98	0.32～6.58
有效铁（mg/kg）	658	36.35	24.33	66.94	2.90～113.00
有效锰（mg/kg）	669	26.97	18.66	69.17	1.60～100.00
有效硼（mg/kg）	650	0.61	0.40	64.69	0.12～1.99
有效钼（mg/kg）	640	0.185	0.09	51.39	0.037～0.670
有效硫（mg/kg）	636	27.53	21.60	78.47	5.00～152.80
有效硅（mg/kg）	575	256.98	144.55	56.25	47.15～563.12

耕层质地

砂土		砂壤土		轻壤土		中壤土		重壤土		黏土	
样本数	占比（%）	样本数	占比（%）	样本数	占比（%）	样本数	占比（%）	样本数	占比（%）	样本数	占比（%）
5	0.67	60	8.05	39	5.23	300	40.27	138	18.52	203	27.25

土壤 pH

≤4.5		(4.5～5.5]		(5.5～6.5]		(6.5～7.5]		(7.5～8.5]		>8.5	
样本数	占比（%）	样本数	占比（%）	样本数	占比（%）	样本数	占比（%）	样本数	占比（%）	样本数	占比（%）
5	0.67	69	9.26	271	36.38	219	29.40	181	24.30	0	0.00

二、亚　类

黄棕壤—典型黄棕壤耕地土壤主要理化性状

项目名称	样本数（个）	平均值	标准差	变异系数（%）	范围
有效土层厚度（cm）	16	90.0	17.89	19.88	60.0～100.0
耕层厚度（cm）	16	20.0	0.00	0.00	20.0～20.0
耕层容重（g/cm^3）	16	1.33	0.10	7.70	1.16～1.47
有机质（g/kg）	15	21.2	4.42	20.87	13.8～28.8
全氮（g/kg）	16	1.217	0.25	20.19	0.710～1.690
有效磷（mg/kg）	15	24.8	17.30	69.84	6.2～63.6
速效钾（mg/kg）	15	144	55.65	38.69	74～288
缓效钾（mg/kg）	16	671	220.21	32.82	319～1 122
有效铜（mg/kg）	11	2.71	1.11	41.15	0.62～4.50
有效锌（mg/kg）	11	3.04	1.08	35.44	1.29～5.54
有效铁（mg/kg）	11	43.79	18.08	41.28	5.23～61.50
有效锰（mg/kg）	11	53.53	23.17	43.29	22.57～90.70
有效硼（mg/kg）	9	0.53	0.36	68.43	0.22～1.36
有效钼（mg/kg）	10	0.156	0.06	39.54	0.040～0.270
有效硫（mg/kg）	11	15.05	7.22	47.97	7.50～33.55
有效硅（mg/kg）	11	260.01	131.12	50.43	113.60～557.20

耕层质地

砂土		砂壤土		轻壤土		中壤土		重壤土		黏土	
样本数	占比（%）	样本数	占比（%）	样本数	占比（%）	样本数	占比（%）	样本数	占比（%）	样本数	占比（%）
0	0.00	0	0.00	7	43.75	6	37.50	1	6.25	2	12.50

土壤 pH

≤4.5		(4.5～5.5]		(5.5～6.5]		(6.5～7.5]		(7.5～8.5]		>8.5	
样本数	占比（%）	样本数	占比（%）	样本数	占比（%）	样本数	占比（%）	样本数	占比（%）	样本数	占比（%）
0	0.00	9	56.25	4	25.00	2	12.50	1	6.25	0	0.00

黄棕壤—黄棕壤性土耕地土壤主要理化性状

项目名称	样本数（个）	平均值	标准差	变异系数（%）	范　围
有效土层厚度（cm）	18	86.7	19.40	22.39	60.0～100.0
耕层厚度（cm）	18	20.0	0.00	0.00	20.0～20.0
耕层容重（g/cm^3）	17	1.31	0.09	6.81	1.17～1.45
有机质（g/kg）	16	17.8	4.55	25.54	10.3～25.0
全氮（g/kg）	18	1.101	0.18	16.66	0.756～1.400
有效磷（mg/kg）	18	26.1	9.81	37.61	6.8～42.5
速效钾（mg/kg）	16	156	60.38	38.77	108～273
缓效钾（mg/kg）	18	652	208.45	31.96	265～991
有效铜（mg/kg）	18	1.97	0.96	48.46	0.51～3.50
有效锌（mg/kg）	18	1.22	0.70	56.89	0.40～3.01
有效铁（mg/kg）	18	47.67	35.04	73.50	10.60～106.00
有效锰（mg/kg）	18	50.46	37.86	75.03	15.50～100.00
有效硼（mg/kg）	18	0.43	0.17	39.79	0.18～0.88
有效钼（mg/kg）	18	0.205	0.08	40.80	0.045～0.380
有效硫（mg/kg）	18	15.17	7.24	47.71	5.00～24.80
有效硅（mg/kg）	11	237.47	109.32	46.04	95.71～482.51

耕层质地

砂土		砂壤土		轻壤土		中壤土		重壤土		黏土	
样本数	占比（%）	样本数	占比（%）	样本数	占比（%）	样本数	占比（%）	样本数	占比（%）	样本数	占比（%）
1	5.56	0	0.00	1	5.56	5	27.78	1	5.56	10	55.56

土壤 pH

≤4.5		(4.5～5.5]		(5.5～6.5]		(6.5～7.5]		(7.5～8.5]		>8.5	
样本数	占比（%）	样本数	占比（%）	样本数	占比（%）	样本数	占比（%）	样本数	占比（%）	样本数	占比（%）
0	0.00	2	11.11	9	50.00	3	16.67	4	22.22	0	0.00

黄褐土—典型黄褐土耕地土壤主要理化性状

项目名称	样本数（个）	平均值	标准差	变异系数（%）	范 围
有效土层厚度（cm）	626	95.7	12.46	13.02	60.0～100.0
耕层厚度（cm）	658	20.0	0.11	0.55	20.0～22.0
耕层容重（g/cm^3）	621	1.42	0.10	7.37	1.18～1.62
有机质（g/kg）	636	18.0	4.38	24.36	7.7～30.5
全氮（g/kg）	655	1.007	0.25	24.98	0.310～1.890
有效磷（mg/kg）	658	24.0	13.84	57.64	3.0～98.0
速效钾（mg/kg）	651	117	40.84	35.01	59～400
缓效钾（mg/kg）	656	588	183.08	31.15	108～1 330
有效铜（mg/kg）	521	1.93	0.72	37.29	0.47～5.49
有效锌（mg/kg）	506	1.54	0.78	50.93	0.32～6.23
有效铁（mg/kg）	428	61.69	24.38	39.52	8.80～114.33
有效锰（mg/kg）	518	60.87	26.29	43.19	1.97～100.00
有效硼（mg/kg）	508	0.55	0.29	53.21	0.13～1.84
有效钼（mg/kg）	481	0.126	0.08	64.54	0.040～0.530
有效硫（mg/kg）	512	19.66	14.18	72.12	5.00～144.93
有效硅（mg/kg）	187	224.89	83.91	37.31	58.50～498.00

耕层质地

砂土		砂壤土		轻壤土		中壤土		重壤土		黏土	
样本数	占比（%）	样本数	占比（%）	样本数	占比（%）	样本数	占比（%）	样本数	占比（%）	样本数	占比（%）
1	0.15	10	1.52	49	7.45	447	67.93	109	16.57	42	6.38

土壤 pH

≤4.5		(4.5～5.5]		(5.5～6.5]		(6.5～7.5]		(7.5～8.5]		>8.5	
样本数	占比（%）	样本数	占比（%）	样本数	占比（%）	样本数	占比（%）	样本数	占比（%）	样本数	占比（%）
18	2.74	350	53.19	211	32.07	55	8.36	24	3.65	0	0.00

黄褐土—黏盘黄褐土耕地土壤主要理化性状

项目名称	样本数（个）	平均值	标准差	变异系数（%）	范　围
有效土层厚度（cm）	107	100.0	0.00	0.00	100.0～100.0
耕层厚度（cm）	107	20.0	0.19	0.97	20.0～22.0
耕层容重（g/cm³）	107	1.32	0.08	6.08	1.16～1.50
有机质（g/kg）	103	19.5	4.19	21.47	10.5～29.3
全氮（g/kg）	107	1.199	0.21	17.53	0.600～1.800
有效磷（mg/kg）	107	24.1	10.77	44.65	3.3～56.0
速效钾（mg/kg）	106	143	42.75	29.91	71～268
缓效钾（mg/kg）	107	485	197.08	40.65	100～922
有效铜（mg/kg）	103	2.22	0.85	38.20	0.62～6.15
有效锌（mg/kg）	106	1.41	1.02	72.47	0.39～5.69
有效铁（mg/kg）	107	43.61	30.24	69.35	5.06～102.51
有效锰（mg/kg）	107	55.05	34.78	63.18	8.78～100.00
有效硼（mg/kg）	106	0.53	0.29	54.43	0.12～1.81
有效钼（mg/kg）	103	0.215	0.10	45.12	0.050～0.660
有效硫（mg/kg）	107	21.14	11.11	52.55	5.93～74.72
有效硅（mg/kg）	99	298.78	160.31	53.66	51.31～563.06

耕层质地

砂土		砂壤土		轻壤土		中壤土		重壤土		黏土	
样本数	占比（%）	样本数	占比（%）	样本数	占比（%）	样本数	占比（%）	样本数	占比（%）	样本数	占比（%）
0	0.00	0	0.00	2	1.87	71	66.36	5	4.67	29	27.10

土壤 pH

≤4.5		(4.5～5.5]		(5.5～6.5]		(6.5～7.5]		(7.5～8.5]		>8.5	
样本数	占比（%）	样本数	占比（%）	样本数	占比（%）	样本数	占比（%）	样本数	占比（%）	样本数	占比（%）
0	0.00	45	42.06	26	24.30	22	20.56	14	13.08	0	0.00

黄褐土—白浆化黄褐土耕地土壤主要理化性状

项目名称	样本数（个）	平均值	标准差	变异系数（%）	范　围
有效土层厚度（cm）	104	100.0	0.00	0.00	100.0～100.0
耕层厚度（cm）	104	20.0	0.00	0.00	20.0～20.0
耕层容重（g/cm³）	104	1.42	0.11	7.99	1.19～1.59
有机质（g/kg）	104	16.3	3.24	19.87	9.5～27.0
全氮（g/kg）	104	0.970	0.19	19.37	0.680～1.680
有效磷（mg/kg）	104	22.3	11.38	51.01	7.0～63.5
速效钾（mg/kg）	103	108	36.09	33.54	58～232
缓效钾（mg/kg）	104	552	180.50	32.72	108～1 272
有效铜（mg/kg）	65	1.98	0.59	30.02	0.69～3.89
有效锌（mg/kg）	66	1.53	0.62	40.51	0.33～3.56
有效铁（mg/kg）	52	55.62	28.04	50.41	8.53～113.20
有效锰（mg/kg）	66	60.60	27.93	46.09	5.67～100.00
有效硼（mg/kg）	66	0.48	0.24	50.03	0.12～1.44
有效钼（mg/kg）	59	0.132	0.11	79.90	0.042～0.650
有效硫（mg/kg）	62	25.89	13.96	53.91	7.55～60.35
有效硅（mg/kg）	21	256.70	142.35	55.45	67.60～509.51

耕层质地

砂土		砂壤土		轻壤土		中壤土		重壤土		黏土	
样本数	占比（%）	样本数	占比（%）	样本数	占比（%）	样本数	占比（%）	样本数	占比（%）	样本数	占比（%）
0	0.00	1	0.96	12	11.54	84	80.77	6	5.77	1	0.96

土壤 pH

≤4.5		(4.5～5.5]		(5.5～6.5]		(6.5～7.5]		(7.5～8.5]		>8.5	
样本数	占比（%）	样本数	占比（%）	样本数	占比（%）	样本数	占比（%）	样本数	占比（%）	样本数	占比（%）
0	0.00	50	48.08	42	40.38	10	9.62	2	1.92	0	0.00

黄褐土—黄褐土性土耕地土壤主要理化性状

项目名称	样本数（个）	平均值	标准差	变异系数（%）	范　围
有效土层厚度（cm）	2	100.0	0.00	0.00	100.0～100.0
耕层厚度（cm）	2	20.0	0.00	0.00	20.0～20.0
耕层容重（g/cm^3）	2	1.44	0.01	0.98	1.43～1.45
有机质（g/kg）	2	23.9	2.19	9.19	22.3～25.4
全氮（g/kg）	2	1.395	0.02	1.52	1.380～1.410
有效磷（mg/kg）	2	18.3	19.30	105.78	4.6～31.9
速效钾（mg/kg）	2	142	55.15	38.84	103～181
缓效钾（mg/kg）	2	1 152	143.54	12.47	1 050～1 253
有效铜（mg/kg）	2	2.08	0.21	9.88	1.93～2.22
有效锌（mg/kg）	2	1.60	0.26	16.40	1.41～1.78
有效铁（mg/kg）	2	42.95	20.86	48.57	28.20～57.70
有效锰（mg/kg）	2	69.45	17.04	24.54	57.40～81.50
有效硼（mg/kg）	1	0.27	—	—	—
有效钼（mg/kg）	2	0.130	0.13	97.91	0.040～0.220
有效硫（mg/kg）	2	20.65	2.19	10.62	19.10～22.20
有效硅（mg/kg）	2	131.70	19.90	15.11	117.63～145.77

耕层质地

砂土		砂壤土		轻壤土		中壤土		重壤土		黏土	
样本数	占比（%）	样本数	占比（%）	样本数	占比（%）	样本数	占比（%）	样本数	占比（%）	样本数	占比（%）
0	0.00	0	0.00	2	100.00	0	0.00	0	0.00	0	0.00

土壤 pH

≤4.5		(4.5～5.5]		(5.5～6.5]		(6.5～7.5]		(7.5～8.5]		>8.5	
样本数	占比（%）	样本数	占比（%）	样本数	占比（%）	样本数	占比（%）	样本数	占比（%）	样本数	占比（%）
0	0.00	1	50.00	1	50.00	0	0.00	0	0.00	0	0.00

棕壤—典型棕壤耕地土壤主要理化性状

项目名称	样本数（个）	平均值	标准差	变异系数（%）	范　围
有效土层厚度（cm）	1 079	85.6	19.20	22.43	60.0～100.0
耕层厚度（cm）	1 105	20.0	0.00	0.00	20.0～20.0
耕层容重（g/cm^3）	831	1.41	0.09	6.32	1.16～1.62
有机质（g/kg）	1 037	14.2	4.55	32.14	7.5～30.6
全氮（g/kg）	816	0.967	0.33	34.15	0.167～1.877
有效磷（mg/kg）	1 067	22.9	25.84	112.68	3.0～110.7
速效钾（mg/kg）	1 015	154	80.84	52.52	58～400
缓效钾（mg/kg）	871	365	287.19	78.72	100～1 360
有效铜（mg/kg）	457	2.07	1.09	52.70	0.47～6.15
有效锌（mg/kg）	465	1.98	1.47	74.26	0.35～7.44
有效铁（mg/kg）	454	48.38	30.16	62.35	2.90～113.00
有效锰（mg/kg）	500	34.71	26.90	77.49	1.58～100.00
有效硼（mg/kg）	469	0.49	0.35	72.50	0.12～2.07
有效钼（mg/kg）	486	0.182	0.10	53.59	0.040～0.660
有效硫（mg/kg）	501	30.41	20.59	67.68	5.00～127.50
有效硅（mg/kg）	465	160.59	98.53	61.35	47.22～539.66

耕层质地

砂土		砂壤土		轻壤土		中壤土		重壤土		黏土	
样本数	占比（%）	样本数	占比（%）	样本数	占比（%）	样本数	占比（%）	样本数	占比（%）	样本数	占比（%）
36	3.26	397	35.93	376	34.03	150	13.57	86	7.78	60	5.43

土壤 pH

≤4.5		(4.5～5.5]		(5.5～6.5]		(6.5～7.5]		(7.5～8.5]		>8.5	
样本数	占比（%）	样本数	占比（%）	样本数	占比（%）	样本数	占比（%）	样本数	占比（%）	样本数	占比（%）
38	3.44	395	35.75	403	36.47	207	18.73	60	5.43	2	0.18

棕壤—白浆化棕壤耕地土壤主要理化性状

项目名称	样本数（个）	平均值	标准差	变异系数（%）	范　围
有效土层厚度（cm）	25	82.4	20.26	24.59	60.0～100.0
耕层厚度（cm）	36	20.0	0.00	0.00	20.0～20.0
耕层容重（g/cm³）	25	1.45	0.07	5.05	1.30～1.59
有机质（g/kg）	33	16.8	5.77	34.43	7.6～30.0
全氮（g/kg）	35	1.127	0.32	28.33	0.594～1.630
有效磷（mg/kg）	35	37.5	27.36	72.98	3.0～80.1
速效钾（mg/kg）	28	143	73.37	51.39	60～339
缓效钾（mg/kg）	36	292	195.39	66.84	100～878
有效铜（mg/kg）	21	1.54	0.71	46.33	0.70～3.37
有效锌（mg/kg）	19	1.85	1.65	89.25	0.57～6.21
有效铁（mg/kg）	18	55.36	36.83	66.53	6.92～107.10
有效锰（mg/kg）	21	43.30	29.07	67.14	9.83～100.00
有效硼（mg/kg）	18	0.54	0.41	75.65	0.12～1.68
有效钼（mg/kg）	20	0.166	0.06	33.93	0.090～0.280
有效硫（mg/kg）	21	20.71	7.85	37.92	7.96～32.30
有效硅（mg/kg）	21	109.67	53.32	48.62	55.82～204.78

耕层质地

砂土		砂壤土		轻壤土		中壤土		重壤土		黏土	
样本数	占比（%）	样本数	占比（%）	样本数	占比（%）	样本数	占比（%）	样本数	占比（%）	样本数	占比（%）
4	11.11	19	52.78	10	27.78	2	5.56	1	2.78	0	0.00

土壤 pH

≤4.5		(4.5～5.5]		(5.5～6.5]		(6.5～7.5]		(7.5～8.5]		>8.5	
样本数	占比（%）	样本数	占比（%）	样本数	占比（%）	样本数	占比（%）	样本数	占比（%）	样本数	占比（%）
2	5.56	19	52.78	11	30.56	3	8.33	1	2.78	0	0.00

棕壤—潮棕壤耕地土壤主要理化性状

项目名称	样本数（个）	平均值	标准差	变异系数（%）	范　围
有效土层厚度（cm）	290	83.6	19.71	23.58	60.0～100.0
耕层厚度（cm）	290	20.0	0.00	0.00	20.0～20.0
耕层容重（g/cm^3）	206	1.41	0.11	7.62	1.16～1.62
有机质（g/kg）	269	14.8	4.58	30.93	7.5～30.2
全氮（g/kg）	204	1.070	0.30	28.08	0.364～1.860
有效磷（mg/kg）	276	22.7	28.27	124.66	3.0～110.7
速效钾（mg/kg）	269	144	72.64	50.54	58～400
缓效钾（mg/kg）	203	376	309.75	82.31	100～1 321
有效铜（mg/kg）	110	1.95	1.09	55.81	0.44～5.88
有效锌（mg/kg）	117	2.04	1.62	79.61	0.34～6.79
有效铁（mg/kg）	106	42.27	29.11	68.86	3.65～106.00
有效锰（mg/kg）	126	34.25	28.53	83.30	1.60～100.00
有效硼（mg/kg）	112	0.49	0.36	74.08	0.12～1.96
有效钼（mg/kg）	121	0.150	0.07	47.64	0.040～0.430
有效硫（mg/kg）	124	27.63	18.61	67.37	5.00～117.00
有效硅（mg/kg）	120	151.67	82.77	54.58	47.80～400.58

耕层质地

砂土		砂壤土		轻壤土		中壤土		重壤土		黏土	
样本数	占比（%）	样本数	占比（%）	样本数	占比（%）	样本数	占比（%）	样本数	占比（%）	样本数	占比（%）
9	3.10	48	16.55	163	56.21	63	21.72	4	1.38	3	1.03

土壤 pH

≤4.5		(4.5～5.5]		(5.5～6.5]		(6.5～7.5]		(7.5～8.5]		>8.5	
样本数	占比（%）	样本数	占比（%）	样本数	占比（%）	样本数	占比（%）	样本数	占比（%）	样本数	占比（%）
16	5.52	104	35.86	89	30.69	65	22.41	16	5.52	0	0.00

棕壤—棕壤性土耕地土壤主要理化性状

项目名称	样本数（个）	平均值	标准差	变异系数（%）	范　围
有效土层厚度（cm）	337	85.8	19.18	22.37	60.0～100.0
耕层厚度（cm）	393	20.0	0.00	0.00	20.0～20.0
耕层容重（g/cm^3）	294	1.38	0.10	7.32	1.19～1.62
有机质（g/kg）	366	13.3	4.41	33.06	7.4～30.0
全氮（g/kg）	314	0.904	0.31	33.77	0.260～1.880
有效磷（mg/kg）	375	17.1	22.19	129.43	3.0～105.8
速效钾（mg/kg）	344	146	81.01	55.51	58～400
缓效钾（mg/kg）	316	345	316.90	91.89	100～1 338
有效铜（mg/kg）	191	2.00	1.12	56.15	0.50～6.04
有效锌（mg/kg）	196	1.96	1.44	73.47	0.35～7.17
有效铁（mg/kg）	197	46.55	27.93	60.00	4.20～113.07
有效锰（mg/kg）	212	30.63	23.82	77.76	1.60～100.00
有效硼（mg/kg）	191	0.40	0.25	61.35	0.11～1.42
有效钼（mg/kg）	200	0.167	0.07	43.74	0.040～0.540
有效硫（mg/kg）	209	35.39	25.53	72.13	5.00～119.86
有效硅（mg/kg）	191	146.14	81.84	56.00	47.85～505.00

耕层质地

砂土		砂壤土		轻壤土		中壤土		重壤土		黏土	
样本数	占比（%）	样本数	占比（%）	样本数	占比（%）	样本数	占比（%）	样本数	占比（%）	样本数	占比（%）
84	21.37	159	40.46	90	22.90	36	9.16	3	0.76	21	5.34

土壤 pH

≤4.5		(4.5～5.5]		(5.5～6.5]		(6.5～7.5]		(7.5～8.5]		>8.5	
样本数	占比（%）	样本数	占比（%）	样本数	占比（%）	样本数	占比（%）	样本数	占比（%）	样本数	占比（%）
20	5.09	146	37.15	148	37.66	50	12.72	29	7.38	0	0.00

褐土—典型褐土耕地土壤主要理化性状

项目名称	样本数（个）	平均值	标准差	变异系数（%）	范　围
有效土层厚度（cm）	837	97.0	10.48	10.80	60.0～100.0
耕层厚度（cm）	809	20.4	1.34	6.56	20.0～25.0
耕层容重（g/cm^3）	669	1.35	0.09	6.88	1.15～1.62
有机质（g/kg）	813	19.2	5.48	28.58	7.6～30.6
全氮（g/kg）	811	1.166	0.28	23.80	0.147～1.880
有效磷（mg/kg）	810	24.2	21.67	89.41	3.0～108.3
速效钾（mg/kg）	829	184	78.87	42.94	58～400
缓效钾（mg/kg）	818	653	299.57	45.89	100～1 341
有效铜（mg/kg）	609	1.70	0.94	54.92	0.43～5.91
有效锌（mg/kg）	611	2.34	1.53	65.36	0.35～7.59
有效铁（mg/kg）	629	22.55	19.10	84.72	2.95～110.78
有效锰（mg/kg）	601	17.87	17.02	95.22	1.75～100.00
有效硼（mg/kg）	631	0.53	0.31	58.21	0.11～1.98
有效钼（mg/kg）	622	0.194	0.11	56.96	0.040～0.680
有效硫（mg/kg）	644	31.62	21.28	67.29	5.00～150.02
有效硅（mg/kg）	606	233.25	97.16	41.65	48.38～540.00

耕层质地

砂土		砂壤土		轻壤土		中壤土		重壤土		黏土	
样本数	占比（%）	样本数	占比（%）	样本数	占比（%）	样本数	占比（%）	样本数	占比（%）	样本数	占比（%）
6	0.72	35	4.17	262	31.23	491	58.52	34	4.05	11	1.31

土壤 pH

≤4.5		(4.5～5.5]		(5.5～6.5]		(6.5～7.5]		(7.5～8.5]		>8.5	
样本数	占比（%）	样本数	占比（%）	样本数	占比（%）	样本数	占比（%）	样本数	占比（%）	样本数	占比（%）
1	0.12	24	2.86	67	7.99	157	18.71	584	69.61	6	0.72

褐土—石灰性褐土耕地土壤主要理化性状

项目名称	样本数（个）	平均值	标准差	变异系数（%）	范　围
有效土层厚度（cm）	790	96.8	10.84	11.20	60.0～100.0
耕层厚度（cm）	788	20.7	1.64	7.90	20.0～25.0
耕层容重（g/cm^3）	746	1.37	0.10	7.23	1.15～1.62
有机质（g/kg）	776	19.2	5.14	26.74	7.4～30.7
全氮（g/kg）	774	1.122	0.34	29.92	0.142～1.890
有效磷（mg/kg）	802	25.7	19.65	76.42	3.0～107.5
速效钾（mg/kg）	813	155	71.80	46.24	59～400
缓效钾（mg/kg）	793	816	240.64	29.49	100～1 360
有效铜（mg/kg）	758	1.46	0.75	51.25	0.44～5.96
有效锌（mg/kg）	749	2.16	1.33	61.51	0.38～7.55
有效铁（mg/kg）	743	16.22	9.93	61.19	2.97～95.80
有效锰（mg/kg）	751	15.48	10.48	67.72	1.56～100.00
有效硼（mg/kg）	706	0.65	0.37	56.85	0.12～2.06
有效钼（mg/kg）	672	0.210	0.13	62.73	0.040～0.670
有效硫（mg/kg）	765	26.03	16.80	64.53	5.00～111.00
有效硅（mg/kg）	703	203.39	78.51	38.60	48.00～552.50

耕层质地

砂土		砂壤土		轻壤土		中壤土		重壤土		黏土	
样本数	占比（%）	样本数	占比（%）	样本数	占比（%）	样本数	占比（%）	样本数	占比（%）	样本数	占比（%）
20	2.45	74	9.06	467	57.16	238	29.13	13	1.59	5	0.61

土壤 pH

≤4.5		(4.5～5.5]		(5.5～6.5]		(6.5～7.5]		(7.5～8.5]		>8.5	
样本数	占比（%）	样本数	占比（%）	样本数	占比（%）	样本数	占比（%）	样本数	占比（%）	样本数	占比（%）
2	0.24	1	0.12	13	1.59	105	12.85	678	82.99	18	2.20

褐土—淋溶褐土耕地土壤主要理化性状

项目名称	样本数（个）	平均值	标准差	变异系数（%）	范　围
有效土层厚度（cm）	620	89.5	17.62	19.69	60.0～100.0
耕层厚度（cm）	620	20.0	0.00	0.00	20.0～20.0
耕层容重（g/cm^3）	474	1.38	0.11	8.01	1.15～1.62
有机质（g/kg）	595	17.7	5.05	28.54	7.5～30.7
全氮（g/kg）	580	1.095	0.32	29.31	0.147～1.833
有效磷（mg/kg）	598	27.9	24.65	88.28	3.0～108.0
速效钾（mg/kg）	609	163	80.05	49.06	58～400
缓效钾（mg/kg）	588	517	311.05	60.12	100～1 358
有效铜（mg/kg）	468	1.91	0.98	51.34	0.44～5.72
有效锌（mg/kg）	461	2.11	1.48	69.96	0.36～7.59
有效铁（mg/kg）	462	35.08	25.36	72.29	2.95～113.51
有效锰（mg/kg）	478	28.96	26.72	92.27	1.57～100.00
有效硼（mg/kg）	458	0.55	0.36	66.01	0.12～1.90
有效钼（mg/kg）	434	0.190	0.10	51.99	0.040～0.670
有效硫（mg/kg）	501	28.65	21.53	75.17	5.00～145.80
有效硅（mg/kg）	465	222.78	103.15	46.30	49.76～553.22

耕层质地

砂土		砂壤土		轻壤土		中壤土		重壤土		黏土	
样本数	占比（%）	样本数	占比（%）	样本数	占比（%）	样本数	占比（%）	样本数	占比（%）	样本数	占比（%）
9	1.43	83	13.22	206	32.80	254	40.45	35	5.57	41	6.53

土壤 pH

≤4.5		(4.5～5.5]		(5.5～6.5]		(6.5～7.5]		(7.5～8.5]		>8.5	
样本数	占比（%）	样本数	占比（%）	样本数	占比（%）	样本数	占比（%）	样本数	占比（%）	样本数	占比（%）
4	0.64	92	14.65	200	31.85	193	30.73	135	21.50	4	0.64

褐土—潮褐土耕地土壤主要理化性状

项目名称	样本数（个）	平均值	标准差	变异系数（%）	范　围
有效土层厚度（cm）	2 311	98.2	8.26	8.41	60.0～100.0
耕层厚度（cm）	2 282	20.2	0.86	4.28	20.0～25.0
耕层容重（g/cm^3）	1 987	1.38	0.11	7.74	1.15～1.62
有机质（g/kg）	2 203	18.9	5.38	28.42	7.5～30.6
全氮（g/kg）	2 067	1.157	0.35	30.11	0.141～1.890
有效磷（mg/kg）	2 263	28.8	21.53	74.78	3.0～110.5
速效钾（mg/kg）	2 284	157	73.74	46.97	58～400
缓效钾（mg/kg）	2 221	649	350.12	53.95	100～1 361
有效铜（mg/kg）	1 947	1.62	0.77	47.36	0.43～6.10
有效锌（mg/kg）	1 917	2.10	1.24	58.77	0.32～7.56
有效铁（mg/kg）	1 914	24.18	20.22	83.63	2.90～111.87
有效锰（mg/kg）	1 939	21.35	17.29	80.98	1.84～100.00
有效硼（mg/kg）	1 878	0.66	0.41	62.84	0.11～2.05
有效钼（mg/kg）	1 838	0.214	0.12	58.22	0.040～0.680
有效硫（mg/kg）	1 971	29.17	17.73	60.79	5.00～145.60
有效硅（mg/kg）	1 872	187.05	88.65	47.39	46.95～555.00

耕层质地

砂土		砂壤土		轻壤土		中壤土		重壤土		黏土	
样本数	占比（%）	样本数	占比（%）	样本数	占比（%）	样本数	占比（%）	样本数	占比（%）	样本数	占比（%）
98	4.22	330	14.20	1 115	47.98	658	28.31	106	4.56	17	0.73

土壤 pH

≤4.5		(4.5～5.5]		(5.5～6.5]		(6.5～7.5]		(7.5～8.5]		>8.5	
样本数	占比（%）	样本数	占比（%）	样本数	占比（%）	样本数	占比（%）	样本数	占比（%）	样本数	占比（%）
9	0.39	158	6.80	356	15.32	531	22.85	1 238	53.27	32	1.38

褐土—褐土性土耕地土壤主要理化性状

项目名称	样本数（个）	平均值	标准差	变异系数（%）	范　围
有效土层厚度（cm）	357	88.6	18.10	20.43	60.0～100.0
耕层厚度（cm）	357	20.3	1.07	5.26	20.0～25.0
耕层容重（g/cm³）	296	1.35	0.10	7.62	1.16～1.62
有机质（g/kg）	343	17.4	5.32	30.57	7.5～30.7
全氮（g/kg）	350	1.050	0.33	31.70	0.167～1.870
有效磷（mg/kg）	351	25.4	23.53	92.66	3.0～110.7
速效钾（mg/kg）	357	156	67.99	43.61	61～400
缓效钾（mg/kg）	345	667	302.28	45.35	100～1 359
有效铜（mg/kg）	273	1.70	1.02	59.80	0.52～5.76
有效锌（mg/kg）	279	2.16	1.45	67.24	0.34～7.52
有效铁（mg/kg）	279	24.19	20.43	84.47	2.95～95.00
有效锰（mg/kg）	277	18.38	16.01	87.10	1.64～100.00
有效硼（mg/kg）	275	0.61	0.40	65.37	0.12～1.89
有效钼（mg/kg）	243	0.186	0.13	69.51	0.040～0.670
有效硫（mg/kg）	293	25.70	20.90	81.32	5.00～137.45
有效硅（mg/kg）	257	212.19	94.36	44.47	49.70～522.50

耕层质地

砂土		砂壤土		轻壤土		中壤土		重壤土		黏土	
样本数	占比（%）	样本数	占比（%）	样本数	占比（%）	样本数	占比（%）	样本数	占比（%）	样本数	占比（%）
21	5.69	99	26.83	109	29.54	115	31.17	13	3.52	12	3.25

土壤 pH

≤4.5		(4.5～5.5]		(5.5～6.5]		(6.5～7.5]		(7.5～8.5]		>8.5	
样本数	占比（%）	样本数	占比（%）	样本数	占比（%）	样本数	占比（%）	样本数	占比（%）	样本数	占比（%）
1	0.27	19	5.15	45	12.20	84	22.76	218	59.08	2	0.54

风沙土—荒漠风沙土耕地土壤主要理化性状

项目名称	样本数（个）	平均值	标准差	变异系数（%）	范　围
有效土层厚度（cm）	1	100.0	—	—	—
耕层厚度（cm）	1	20.0	—	—	—
耕层容重（g/cm³）	1	1.53	—	—	—
有机质（g/kg）	1	7.5	—	—	—
全氮（g/kg）	1	1.240	—	—	—
有效磷（mg/kg）	1	17.4	—	—	—
速效钾（mg/kg）	1	99	—	—	—
缓效钾（mg/kg）	1	573	—	—	—
有效铜（mg/kg）	1	1.10	—	—	—
有效锌（mg/kg）	1	1.04	—	—	—
有效铁（mg/kg）	1	5.62	—	—	—
有效锰（mg/kg）	1	9.36	—	—	—
有效硼（mg/kg）	1	0.41	—	—	—
有效钼（mg/kg）	1	0.120	—	—	—
有效硫（mg/kg）	1	14.58	—	—	—
有效硅（mg/kg）	1	250.32	—	—	—

耕层质地

砂土		砂壤土		轻壤土		中壤土		重壤土		黏土	
样本数	占比（%）	样本数	占比（%）	样本数	占比（%）	样本数	占比（%）	样本数	占比（%）	样本数	占比（%）
0	0.00	0	0.00	1	100.00	0	0.00	0	0.00	0	0.00

土壤 pH

≤4.5		(4.5～5.5]		(5.5～6.5]		(6.5～7.5]		(7.5～8.5]		>8.5	
样本数	占比（%）	样本数	占比（%）	样本数	占比（%）	样本数	占比（%）	样本数	占比（%）	样本数	占比（%）
0	0.00	0	0.00	0	0.00	0	0.00	1	100.00	0	0.00

风沙土—草甸风沙土耕地土壤主要理化性状

项目名称	样本数（个）	平均值	标准差	变异系数（%）	范　围
有效土层厚度（cm）	46	98.3	8.25	8.39	60.0～100.0
耕层厚度（cm）	46	20.6	1.48	7.21	20.0～25.0
耕层容重（g/cm^3）	40	1.41	0.11	7.77	1.19～1.60
有机质（g/kg）	42	13.1	3.49	26.66	7.8～24.0
全氮（g/kg）	46	0.793	0.24	29.64	0.380～1.590
有效磷（mg/kg）	45	27.4	19.48	71.17	4.6～90.0
速效钾（mg/kg）	45	141	63.80	45.31	66～380
缓效钾（mg/kg）	46	648	184.89	28.55	219～1 110
有效铜（mg/kg）	30	1.39	0.95	68.29	0.46～5.27
有效锌（mg/kg）	34	1.93	1.16	60.25	0.33～6.48
有效铁（mg/kg）	34	14.75	13.24	89.82	5.00～55.20
有效锰（mg/kg）	35	11.00	5.64	51.32	3.90～23.18
有效硼（mg/kg）	34	0.93	0.46	49.65	0.18～1.92
有效钼（mg/kg）	29	0.150	0.08	54.30	0.050～0.380
有效硫（mg/kg）	35	33.14	23.31	70.32	12.55～131.68
有效硅（mg/kg）	30	147.36	71.07	48.23	47.50～310.00

耕层质地

砂土		砂壤土		轻壤土		中壤土		重壤土		黏土	
样本数	占比（%）	样本数	占比（%）	样本数	占比（%）	样本数	占比（%）	样本数	占比（%）	样本数	占比（%）
28	60.87	14	30.43	2	4.35	2	4.35	0	0.00	0	0.00

土壤 pH

≤4.5		(4.5～5.5]		(5.5～6.5]		(6.5～7.5]		(7.5～8.5]		>8.5	
样本数	占比（%）	样本数	占比（%）	样本数	占比（%）	样本数	占比（%）	样本数	占比（%）	样本数	占比（%）
0	0.00	1	2.17	1	2.17	5	10.87	37	80.43	2	4.35

石灰（岩）土—棕色石灰土耕地土壤主要理化性状

项目名称	样本数（个）	平均值	标准差	变异系数（%）	范　围
有效土层厚度（cm）	7	88.6	19.52	22.04	60.0～100.0
耕层厚度（cm）	7	20.0	0.00	0.00	20.0～20.0
耕层容重（g/cm^3）	7	1.30	0.03	2.45	1.27～1.36
有机质（g/kg）	7	19.4	3.46	17.81	12.9～23.2
全氮（g/kg）	7	1.186	0.29	24.66	0.710～1.600
有效磷（mg/kg）	7	12.6	3.78	30.10	8.3～20.0
速效钾（mg/kg）	7	187	80.94	43.40	99～303
缓效钾（mg/kg）	7	370	326.84	88.23	100～786
有效铜（mg/kg）	7	1.89	0.58	30.42	0.89～2.71
有效锌（mg/kg）	6	0.92	0.51	55.84	0.35～1.81
有效铁（mg/kg）	7	15.82	13.64	86.26	5.76～40.30
有效锰（mg/kg）	7	22.25	10.68	47.99	11.90～40.20
有效硼（mg/kg）	7	0.55	0.34	61.36	0.20～1.10
有效钼（mg/kg）	5	0.286	0.12	40.29	0.210～0.490
有效硫（mg/kg）	7	25.01	14.32	57.24	8.67～47.52
有效硅（mg/kg）	6	397.38	128.18	32.26	169.26～521.81

耕层质地

砂土		砂壤土		轻壤土		中壤土		重壤土		黏土	
样本数	占比（%）	样本数	占比（%）	样本数	占比（%）	样本数	占比（%）	样本数	占比（%）	样本数	占比（%）
0	0.00	0	0.00	1	14.29	5	71.43	1	14.29	0	0.00

土壤 pH

≤4.5		(4.5～5.5]		(5.5～6.5]		(6.5～7.5]		(7.5～8.5]		>8.5	
样本数	占比（%）	样本数	占比（%）	样本数	占比（%）	样本数	占比（%）	样本数	占比（%）	样本数	占比（%）
0	0.00	0	0.00	1	14.29	6	85.71	0	0.00	0	0.00

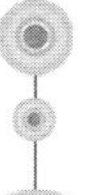

粗骨土—酸性粗骨土耕地土壤主要理化性状

项目名称	样本数（个）	平均值	标准差	变异系数（%）	范　围
有效土层厚度（cm）	144	70.3	17.54	24.96	60.0～100.0
耕层厚度（cm）	151	20.1	0.57	2.86	20.0～25.0
耕层容重（g/cm^3）	85	1.40	0.08	5.42	1.19～1.62
有机质（g/kg）	141	14.6	5.24	35.77	7.7～30.2
全氮（g/kg）	128	1.072	0.37	34.28	0.300～1.890
有效磷（mg/kg）	144	38.5	27.92	72.47	3.0～110.3
速效钾（mg/kg）	133	151	78.92	52.37	58～400
缓效钾（mg/kg）	115	571	254.34	44.56	100～1 339
有效铜（mg/kg）	51	1.90	1.38	72.82	0.44～5.78
有效锌（mg/kg）	51	2.09	1.78	85.03	0.41～7.38
有效铁（mg/kg）	50	45.59	28.88	63.35	5.10～112.30
有效锰（mg/kg）	59	29.91	24.81	82.97	1.60～100.00
有效硼（mg/kg）	41	0.44	0.29	66.95	0.12～1.19
有效钼（mg/kg）	59	0.174	0.08	43.56	0.050～0.520
有效硫（mg/kg）	59	40.66	24.72	60.81	7.32～127.69
有效硅（mg/kg）	54	135.62	74.57	54.98	51.96～380.00

耕层质地

砂土		砂壤土		轻壤土		中壤土		重壤土		黏土	
样本数	占比（%）	样本数	占比（%）	样本数	占比（%）	样本数	占比（%）	样本数	占比（%）	样本数	占比（%）
34	22.52	76	50.33	17	11.26	5	3.31	13	8.61	6	3.97

土壤 pH

≤4.5		(4.5～5.5]		(5.5～6.5]		(6.5～7.5]		(7.5～8.5]		>8.5	
样本数	占比（%）	样本数	占比（%）	样本数	占比（%）	样本数	占比（%）	样本数	占比（%）	样本数	占比（%）
4	2.65	78	51.66	47	31.13	13	8.61	8	5.30	1	0.66

粗骨土—中性粗骨土耕地土壤主要理化性状

项目名称	样本数（个）	平均值	标准差	变异系数（%）	范　围
有效土层厚度（cm）	40	74.0	19.32	26.11	60.0～100.0
耕层厚度（cm）	45	20.0	0.00	0.00	20.0～20.0
耕层容重（g/cm^3）	26	1.37	0.10	7.25	1.21～1.59
有机质（g/kg）	44	16.0	4.93	30.84	7.6～28.4
全氮（g/kg）	31	1.191	0.35	29.66	0.500～1.870
有效磷（mg/kg）	43	23.7	23.09	97.43	3.0～100.0
速效钾（mg/kg）	38	149	71.59	48.16	60～400
缓效钾（mg/kg）	30	513	226.75	44.17	231～1 178
有效铜（mg/kg）	19	2.20	1.28	58.38	0.44～5.42
有效锌（mg/kg）	16	2.03	2.07	102.03	0.36～6.66
有效铁（mg/kg）	21	44.35	21.18	47.75	6.30～79.20
有效锰（mg/kg）	22	42.72	31.58	73.91	6.20～100.00
有效硼（mg/kg）	15	0.51	0.30	59.30	0.14～1.18
有效钼（mg/kg）	22	0.161	0.07	41.40	0.070～0.270
有效硫（mg/kg）	21	21.81	12.80	58.67	5.00～50.40
有效硅（mg/kg）	16	162.33	77.08	47.48	80.00～362.86

耕层质地

砂土		砂壤土		轻壤土		中壤土		重壤土		黏土	
样本数	占比（%）	样本数	占比（%）	样本数	占比（%）	样本数	占比（%）	样本数	占比（%）	样本数	占比（%）
1	2.22	12	26.67	21	46.67	10	22.22	0	0.00	1	2.22

土壤 pH

≤4.5		(4.5～5.5]		(5.5～6.5]		(6.5～7.5]		(7.5～8.5]		>8.5	
样本数	占比（%）	样本数	占比（%）	样本数	占比（%）	样本数	占比（%）	样本数	占比（%）	样本数	占比（%）
3	6.67	17	37.78	17	37.78	7	15.56	1	2.22	0	0.00

粗骨土一钙质粗骨土耕地土壤主要理化性状

项目名称	样本数（个）	平均值	标准差	变异系数（%）	范　围
有效土层厚度（cm）	47	69.4	17.12	24.68	60.0～100.0
耕层厚度（cm）	47	20.0	0.00	0.00	20.0～20.0
耕层容重（g/cm^3）	9	1.35	0.11	8.04	1.22～1.59
有机质（g/kg）	45	16.1	5.47	34.03	7.7～30.0
全氮（g/kg）	47	1.256	0.35	28.08	0.530～1.870
有效磷（mg/kg）	45	30.4	21.56	70.89	3.0～89.6
速效钾（mg/kg）	42	159	55.64	34.98	59～309
缓效钾（mg/kg）	40	654	335.42	51.26	100～1 344
有效铜（mg/kg）	19	2.14	1.46	68.29	0.70～6.02
有效锌（mg/kg）	14	2.05	1.76	85.94	0.82～7.58
有效铁（mg/kg）	22	28.94	22.86	78.97	5.99～72.50
有效锰（mg/kg）	21	24.92	22.81	91.53	3.92～100.00
有效硼（mg/kg）	16	0.84	0.62	74.20	0.14～1.82
有效钼（mg/kg）	22	0.186	0.09	50.84	0.070～0.540
有效硫（mg/kg）	20	30.89	21.96	71.10	7.66～100.39
有效硅（mg/kg）	20	232.29	101.93	43.88	95.26～403.33

耕层质地

砂土		砂壤土		轻壤土		中壤土		重壤土		黏土	
样本数	占比（%）	样本数	占比（%）	样本数	占比（%）	样本数	占比（%）	样本数	占比（%）	样本数	占比（%）
3	6.38	14	29.79	5	10.64	20	42.55	0	0.00	5	10.64

土壤 pH

≤4.5		(4.5～5.5]		(5.5～6.5]		(6.5～7.5]		(7.5～8.5]		>8.5	
样本数	占比（%）	样本数	占比（%）	样本数	占比（%）	样本数	占比（%）	样本数	占比（%）	样本数	占比（%）
0	0.00	8	17.02	10	21.28	14	29.79	15	31.91	0	0.00

石质土—酸性石质土耕地土壤主要理化性状

项目名称	样本数（个）	平均值	标准差	变异系数（%）	范　围
有效土层厚度（cm）	3	73.3	23.09	31.49	60.0～100.0
耕层厚度（cm）	3	20.0	0.00	0.00	20.0～20.0
耕层容重（g/cm^3）	1	1.35	—	—	—
有机质（g/kg）	1	20.5	—	—	—
全氮（g/kg）	3	1.130	0.57	50.88	0.489～1.600
有效磷（mg/kg）	3	21.7	27.22	125.63	3.0～52.9
速效钾（mg/kg）	3	210	142.93	68.17	111～374
缓效钾（mg/kg）	3	807	612.33	75.87	100～1 166
有效铜（mg/kg）	1	1.32	—	—	—
有效锌（mg/kg）	1	0.44	—	—	—
有效铁（mg/kg）	1	47.70	—	—	—
有效锰（mg/kg）	1	66.20	—	—	—
有效硼（mg/kg）	0	—	—	—	—
有效钼（mg/kg）	1	0.240	—	—	—
有效硫（mg/kg）	1	38.90	—	—	—
有效硅（mg/kg）	1	297.50	—	—	—

耕层质地

砂土		砂壤土		轻壤土		中壤土		重壤土		黏土	
样本数	占比（%）	样本数	占比（%）	样本数	占比（%）	样本数	占比（%）	样本数	占比（%）	样本数	占比（%）
0	0.00	2	66.67	0	0.00	1	33.33	0	0.00	0	0.00

土壤 pH

≤4.5		(4.5～5.5]		(5.5～6.5]		(6.5～7.5]		(7.5～8.5]		>8.5	
样本数	占比（%）	样本数	占比（%）	样本数	占比（%）	样本数	占比（%）	样本数	占比（%）	样本数	占比（%）
0	0.00	1	33.33	2	66.67	0	0.00	0	0.00	0	0.00

石质土—中性石质土耕地土壤主要理化性状

项目名称	样本数（个）	平均值	标准差	变异系数（%）	范　围
有效土层厚度（cm）	1	60.0	—	—	—
耕层厚度（cm）	4	20.0	0.00	0.00	20.0～20.0
耕层容重（g/cm^3）	3	1.39	0.08	5.43	1.34～1.48
有机质（g/kg）	4	21.1	3.57	16.94	17.1～25.6
全氮（g/kg）	4	1.036	0.46	44.42	0.520～1.600
有效磷（mg/kg）	4	23.5	17.49	74.31	10.7～48.0
速效钾（mg/kg）	4	120	82.03	68.36	60～241
缓效钾（mg/kg）	4	604	423.24	70.13	304～1 231
有效铜（mg/kg）	2	1.57	0.16	9.91	1.46～1.68
有效锌（mg/kg）	2	1.00	0.30	29.70	0.79～1.21
有效铁（mg/kg）	2	48.60	7.50	15.42	43.30～53.90
有效锰（mg/kg）	2	78.60	30.26	38.50	57.20～100.00
有效硼（mg/kg）	2	0.54	0.11	20.95	0.46～0.62
有效钼（mg/kg）	2	0.225	0.05	22.00	0.190～0.260
有效硫（mg/kg）	2	18.25	18.03	98.80	5.50～31.00
有效硅（mg/kg）	1	235.26	—	—	—

耕层质地

砂土		砂壤土		轻壤土		中壤土		重壤土		黏土	
样本数	占比（%）	样本数	占比（%）	样本数	占比（%）	样本数	占比（%）	样本数	占比（%）	样本数	占比（%）
0	0.00	1	25.00	2	50.00	1	25.00	0	0.00	0	0.00

土壤 pH

≤4.5		(4.5～5.5]		(5.5～6.5]		(6.5～7.5]		(7.5～8.5]		>8.5	
样本数	占比（%）	样本数	占比（%）	样本数	占比（%）	样本数	占比（%）	样本数	占比（%）	样本数	占比（%）
1	25.00	1	25.00	0	0.00	1	25.00	1	25.00	0	0.00

石质土—钙质石质土耕地土壤主要理化性状

项目名称	样本数（个）	平均值	标准差	变异系数（%）	范　围
有效土层厚度（cm）	15	84.0	20.28	24.15	60.0～100.0
耕层厚度（cm）	15	20.0	0.00	0.00	20.0～20.0
耕层容重（g/cm^3）	12	1.49	0.07	4.38	1.31～1.53
有机质（g/kg）	15	19.6	5.02	25.64	7.5～26.7
全氮（g/kg）	14	1.243	0.33	26.27	0.570～1.700
有效磷（mg/kg）	15	20.8	11.19	53.90	5.1～44.1
速效钾（mg/kg）	15	163	53.57	32.85	108～288
缓效钾（mg/kg）	14	918	260.18	28.34	483～1 345
有效铜（mg/kg）	12	1.35	0.27	19.92	0.92～1.75
有效锌（mg/kg）	12	3.02	1.27	41.99	1.06～5.09
有效铁（mg/kg）	12	14.90	4.89	32.83	9.50～27.20
有效锰（mg/kg）	12	15.85	7.95	50.18	7.70～39.06
有效硼（mg/kg）	12	0.91	0.26	28.28	0.57～1.34
有效钼（mg/kg）	11	0.249	0.09	36.42	0.110～0.360
有效硫（mg/kg）	12	16.33	5.73	35.12	9.20～29.54
有效硅（mg/kg）	11	239.64	21.16	8.83	207.00～275.00

耕层质地

砂土		砂壤土		轻壤土		中壤土		重壤土		黏土	
样本数	占比（%）	样本数	占比（%）	样本数	占比（%）	样本数	占比（%）	样本数	占比（%）	样本数	占比（%）
0	0.00	2	13.33	10	66.67	3	20.00	0	0.00	0	0.00

土壤 pH

≤4.5		(4.5～5.5]		(5.5～6.5]		(6.5～7.5]		(7.5～8.5]		>8.5	
样本数	占比（%）	样本数	占比（%）	样本数	占比（%）	样本数	占比（%）	样本数	占比（%）	样本数	占比（%）
0	0.00	0	0.00	2	13.33	2	13.33	10	66.67	1	6.67

草甸土—典型草甸土耕地土壤主要理化性状

项目名称	样本数（个）	平均值	标准差	变异系数（%）	范　围
有效土层厚度（cm）	6	100.0	0.00	0.00	100.0～100.0
耕层厚度（cm）	6	20.0	0.00	0.00	20.0～20.0
耕层容重（g/cm^3）	6	1.32	0.08	5.78	1.24～1.45
有机质（g/kg）	6	18.8	6.10	32.51	11.8～29.7
全氮（g/kg）	6	0.957	0.39	40.65	0.540～1.590
有效磷（mg/kg）	6	13.2	7.18	54.52	5.7～26.3
速效钾（mg/kg）	5	148	92.48	62.41	85～312
缓效钾（mg/kg）	6	900	242.88	27.00	548～1 179
有效铜（mg/kg）	6	1.45	0.66	45.58	0.68～2.28
有效锌（mg/kg）	6	2.13	0.76	35.52	0.69～2.95
有效铁（mg/kg）	6	21.59	8.28	38.35	12.70～34.35
有效锰（mg/kg）	6	9.56	6.99	73.12	3.30～20.54
有效硼（mg/kg）	6	0.67	0.35	52.44	0.21～1.10
有效钼（mg/kg）	6	0.142	0.04	25.81	0.090～0.200
有效硫（mg/kg）	6	26.73	15.15	56.66	11.91～47.40
有效硅（mg/kg）	6	171.69	53.33	31.06	131.00～273.18

耕层质地

砂土		砂壤土		轻壤土		中壤土		重壤土		黏土	
样本数	占比（%）	样本数	占比（%）	样本数	占比（%）	样本数	占比（%）	样本数	占比（%）	样本数	占比（%）
2	33.33	1	16.67	2	33.33	1	16.67	0	0.00	0	0.00

土壤 pH

≤4.5		(4.5～5.5]		(5.5～6.5]		(6.5～7.5]		(7.5～8.5]		>8.5	
样本数	占比（%）	样本数	占比（%）	样本数	占比（%）	样本数	占比（%）	样本数	占比（%）	样本数	占比（%）
0	0.00	0	0.00	0	0.00	0	0.00	6	100.00	0	0.00

草甸土—石灰性草甸土耕地土壤主要理化性状

项目名称	样本数（个）	平均值	标准差	变异系数（%）	范　围
有效土层厚度（cm）	0	—	—	—	—
耕层厚度（cm）	1	20.0	—	—	—
耕层容重（g/cm^3）	1	1.60	—	—	—
有机质（g/kg）	1	19.7	—	—	—
全氮（g/kg）	1	1.080	—	—	—
有效磷（mg/kg）	1	9.2	—	—	—
速效钾（mg/kg）	1	115	—	—	—
缓效钾（mg/kg）	1	819	—	—	—
有效铜（mg/kg）	1	0.95	—	—	—
有效锌（mg/kg）	1	1.27	—	—	—
有效铁（mg/kg）	1	9.48	—	—	—
有效锰（mg/kg）	1	3.30	—	—	—
有效硼（mg/kg）	1	0.98	—	—	—
有效钼（mg/kg）	1	0.150	—	—	—
有效硫（mg/kg）	1	41.31	—	—	—
有效硅（mg/kg）	1	161.00	—	—	—

耕层质地

砂土		砂壤土		轻壤土		中壤土		重壤土		黏土	
样本数	占比（%）	样本数	占比（%）	样本数	占比（%）	样本数	占比（%）	样本数	占比（%）	样本数	占比（%）
0	0.00	0	0.00	1	100.00	0	0.00	0	0.00	0	0.00

土壤 pH

≤4.5		(4.5～5.5]		(5.5～6.5]		(6.5～7.5]		(7.5～8.5]		>8.5	
样本数	占比（%）	样本数	占比（%）	样本数	占比（%）	样本数	占比（%）	样本数	占比（%）	样本数	占比（%）
0	0.00	0	0.00	0	0.00	0	0.00	1	100.00	0	0.00

潮土—典型潮土耕地土壤主要理化性状

项目名称	样本数（个）	平均值	标准差	变异系数（%）	范　围
有效土层厚度（cm）	11 006	97.2	10.21	10.50	60.0～100.0
耕层厚度（cm）	10 915	20.1	0.61	3.06	20.0～25.0
耕层容重（g/cm^3）	9 267	1.36	0.10	7.09	1.15～1.62
有机质（g/kg）	10 703	17.3	4.70	27.14	7.4～30.7
全氮（g/kg）	10 586	1.101	0.29	26.68	0.142～1.890
有效磷（mg/kg）	10 834	22.6	17.83	79.04	3.0～110.0
速效钾（mg/kg）	10 876	175	78.22	44.73	58～400
缓效钾（mg/kg）	10 576	717	278.81	38.88	100～1 364
有效铜（mg/kg）	8 645	1.58	0.80	50.45	0.43～6.15
有效锌（mg/kg）	8 662	1.75	1.11	63.32	0.32～7.59
有效铁（mg/kg）	8 778	16.56	14.10	85.13	2.90～114.20
有效锰（mg/kg）	8 854	13.71	11.59	84.50	1.54～100.00
有效硼（mg/kg）	8 596	0.68	0.37	53.45	0.11～2.07
有效钼（mg/kg）	8 294	0.171	0.09	54.63	0.039～0.680
有效硫（mg/kg）	8 578	32.64	25.47	78.04	5.00～152.41
有效硅（mg/kg）	8 049	178.42	109.77	61.53	47.10～564.00

耕层质地

砂土		砂壤土		轻壤土		中壤土		重壤土		黏土	
样本数	占比（%）	样本数	占比（%）	样本数	占比（%）	样本数	占比（%）	样本数	占比（%）	样本数	占比（%）
444	4.03	1 804	16.37	3 481	31.59	3 182	28.87	1021	9.26	1 089	9.88

土壤 pH

≤4.5		(4.5～5.5]		(5.5～6.5]		(6.5～7.5]		(7.5～8.5]		>8.5	
样本数	占比（%）	样本数	占比（%）	样本数	占比（%）	样本数	占比（%）	样本数	占比（%）	样本数	占比（%）
26	0.24	303	2.75	477	4.33	902	8.18	8742	79.32	571	5.18

潮土—灰潮土耕地土壤主要理化性状

项目名称	样本数（个）	平均值	标准差	变异系数（%）	范　围
有效土层厚度（cm）	218	94.5	13.81	14.62	60.0～100.0
耕层厚度（cm）	215	20.1	0.44	2.21	20.0～25.0
耕层容重（g/cm^3）	210	1.33	0.10	7.53	1.17～1.56
有机质（g/kg）	206	16.9	4.22	24.96	8.6～30.7
全氮（g/kg）	217	0.992	0.23	23.54	0.360～1.720
有效磷（mg/kg）	218	23.6	13.64	57.93	3.2～73.0
速效钾（mg/kg）	207	117	40.22	34.29	59～283
缓效钾（mg/kg）	219	584	210.34	36.02	200～1 160
有效铜（mg/kg）	160	2.16	0.89	41.32	0.57～5.49
有效锌（mg/kg）	154	1.48	0.70	47.16	0.33～4.45
有效铁（mg/kg）	136	61.82	26.37	42.66	8.02～114.00
有效锰（mg/kg）	161	68.21	29.21	42.82	4.05～100.00
有效硼（mg/kg）	159	0.55	0.33	60.25	0.12～1.92
有效钼（mg/kg）	155	0.157	0.09	57.87	0.040～0.410
有效硫（mg/kg）	160	18.90	9.43	49.89	5.00～53.85
有效硅（mg/kg）	83	246.07	127.20	51.69	50.41～557.81

耕层质地

砂土		砂壤土		轻壤土		中壤土		重壤土		黏土	
样本数	占比（%）	样本数	占比（%）	样本数	占比（%）	样本数	占比（%）	样本数	占比（%）	样本数	占比（%）
12	5.48	36	16.44	72	32.88	93	42.47	4	1.83	2	0.91

土壤 pH

≤4.5		(4.5～5.5]		(5.5～6.5]		(6.5～7.5]		(7.5～8.5]		>8.5	
样本数	占比（%）	样本数	占比（%）	样本数	占比（%）	样本数	占比（%）	样本数	占比（%）	样本数	占比（%）
1	0.46	112	51.14	54	24.66	48	21.92	4	1.83	0	0.00

潮土—脱潮土耕地土壤主要理化性状

项目名称	样本数（个）	平均值	标准差	变异系数（%）	范 围
有效土层厚度（cm）	1 525	99.9	1.77	1.77	60.0～100.0
耕层厚度（cm）	1 486	20.3	1.08	5.32	20.0～25.0
耕层容重（g/cm^3）	1 333	1.38	0.10	7.55	1.15～1.62
有机质（g/kg）	1 482	16.6	4.66	28.08	7.5～30.7
全氮（g/kg）	1 455	1.026	0.29	28.33	0.152～1.890
有效磷（mg/kg）	1 491	24.5	18.05	73.71	3.0～105.0
速效钾（mg/kg）	1 515	172	77.66	45.13	60～400
缓效钾（mg/kg）	1 481	800	204.88	25.59	100～1 364
有效铜（mg/kg）	1 257	1.26	0.69	55.20	0.43～5.65
有效锌（mg/kg）	1 287	1.83	1.07	58.15	0.33～7.46
有效铁（mg/kg）	1 242	13.32	10.92	82.01	2.97～106.71
有效锰（mg/kg）	1 278	11.43	8.05	70.38	1.54～99.55
有效硼（mg/kg）	1 237	0.83	0.34	41.56	0.12～2.07
有效钼（mg/kg）	1 234	0.146	0.10	66.35	0.040～0.670
有效硫（mg/kg）	1 268	30.27	20.72	68.45	5.00～147.73
有效硅（mg/kg）	1 199	139.72	64.77	46.36	47.22～531.80

耕层质地

砂土		砂壤土		轻壤土		中壤土		重壤土		黏土	
样本数	占比（%）	样本数	占比（%）	样本数	占比（%）	样本数	占比（%）	样本数	占比（%）	样本数	占比（%）
12	0.79	354	23.20	680	44.56	437	28.64	30	1.97	13	0.85

土壤 pH

≤4.5		(4.5～5.5]		(5.5～6.5]		(6.5～7.5]		(7.5～8.5]		>8.5	
样本数	占比（%）	样本数	占比（%）	样本数	占比（%）	样本数	占比（%）	样本数	占比（%）	样本数	占比（%）
2	0.13	17	1.11	29	1.90	71	4.65	1 224	80.21	183	11.99

潮土—湿潮土耕地土壤主要理化性状

项目名称	样本数（个）	平均值	标准差	变异系数（%）	范　围
有效土层厚度（cm）	310	92.8	15.41	16.61	60.0～100.0
耕层厚度（cm）	312	20.0	0.31	1.55	20.0～25.0
耕层容重（g/cm^3）	228	1.38	0.11	7.94	1.15～1.62
有机质（g/kg）	293	19.5	5.44	27.97	7.6～30.7
全氮（g/kg）	269	1.219	0.32	26.06	0.163～1.860
有效磷（mg/kg）	294	27.6	23.70	85.99	3.0～102.7
速效钾（mg/kg）	310	211	94.82	45.04	59～400
缓效钾（mg/kg）	276	694	356.34	51.37	100～1 360
有效铜（mg/kg）	239	2.15	1.19	55.47	0.43～6.00
有效锌（mg/kg）	234	2.06	1.30	63.37	0.35～7.45
有效铁（mg/kg）	243	23.73	20.39	85.95	3.60～113.91
有效锰（mg/kg）	250	17.90	15.34	85.73	1.70～100.00
有效硼（mg/kg）	239	0.78	0.41	52.78	0.13～1.96
有效钼（mg/kg）	206	0.166	0.08	47.77	0.040～0.480
有效硫（mg/kg）	230	35.07	28.54	81.40	5.00～151.70
有效硅（mg/kg）	208	212.70	88.51	41.61	60.89～521.00

耕层质地

砂土		砂壤土		轻壤土		中壤土		重壤土		黏土	
样本数	占比（%）	样本数	占比（%）	样本数	占比（%）	样本数	占比（%）	样本数	占比（%）	样本数	占比（%）
9	2.87	11	3.50	60	19.11	116	36.94	85	27.07	33	10.51

土壤 pH

≤4.5		(4.5～5.5]		(5.5～6.5]		(6.5～7.5]		(7.5～8.5]		>8.5	
样本数	占比（%）	样本数	占比（%）	样本数	占比（%）	样本数	占比（%）	样本数	占比（%）	样本数	占比（%）
0	0.00	26	8.28	43	13.69	40	12.74	191	60.83	14	4.46

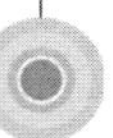

潮土—盐化潮土耕地土壤主要理化性状

项目名称	样本数（个）	平均值	标准差	变异系数（%）	范　围
有效土层厚度（cm）	1 533	98.2	8.24	8.39	60.0～100.0
耕层厚度（cm）	1 485	20.1	0.67	3.32	20.0～25.0
耕层容重（g/cm^3）	1 145	1.37	0.09	6.92	1.15～1.62
有机质（g/kg）	1 472	16.9	4.63	27.45	7.5～30.7
全氮（g/kg）	1 495	1.049	0.30	28.44	0.150～1.887
有效磷（mg/kg）	1 501	23.6	18.82	79.84	3.0～105.0
速效钾（mg/kg）	1 521	201	93.61	46.63	58～400
缓效钾（mg/kg）	1 468	782	277.61	35.51	100～1 363
有效铜（mg/kg）	1 270	1.75	0.92	52.50	0.43～5.91
有效锌（mg/kg）	1 273	1.89	1.22	64.65	0.32～7.50
有效铁（mg/kg）	1 298	15.99	11.28	70.54	2.97～87.56
有效锰（mg/kg）	1 289	10.39	6.90	66.41	1.53～67.70
有效硼（mg/kg）	1 270	0.76	0.38	50.29	0.12～2.06
有效钼（mg/kg）	1 050	0.169	0.08	49.52	0.040～0.680
有效硫（mg/kg）	1 218	48.05	31.98	66.57	5.00～152.40
有效硅（mg/kg）	1 054	147.45	77.82	52.78	46.96～557.23

耕层质地

砂土		砂壤土		轻壤土		中壤土		重壤土		黏土	
样本数	占比（%）	样本数	占比（%）	样本数	占比（%）	样本数	占比（%）	样本数	占比（%）	样本数	占比（%）
30	1.96	210	13.70	584	38.10	483	31.51	182	11.87	44	2.87

土壤 pH

≤4.5		(4.5～5.5]		(5.5～6.5]		(6.5～7.5]		(7.5～8.5]		>8.5	
样本数	占比（%）	样本数	占比（%）	样本数	占比（%）	样本数	占比（%）	样本数	占比（%）	样本数	占比（%）
0	0.00	5	0.33	10	0.65	81	5.28	1 312	85.58	125	8.15

潮土—碱化潮土耕地土壤主要理化性状

项目名称	样本数（个）	平均值	标准差	变异系数（%）	范　围
有效土层厚度（cm）	179	92.4	15.73	17.03	60.0～100.0
耕层厚度（cm）	176	20.2	0.77	3.80	20.0～25.0
耕层容重（g/cm³）	179	1.32	0.06	4.84	1.23～1.52
有机质（g/kg）	178	15.8	3.26	20.61	8.1～26.2
全氮（g/kg）	179	1.086	0.27	24.52	0.370～1.880
有效磷（mg/kg）	179	14.8	9.64	65.33	3.0～77.9
速效钾（mg/kg）	178	132	46.04	34.81	64～290
缓效钾（mg/kg）	179	481	226.24	46.99	137～1 300
有效铜（mg/kg）	164	1.23	0.71	57.41	0.45～4.50
有效锌（mg/kg）	170	1.51	1.34	88.57	0.32～7.10
有效铁（mg/kg）	167	13.85	11.62	83.93	2.94～79.10
有效锰（mg/kg）	173	12.81	9.25	72.21	3.10～80.10
有效硼（mg/kg）	160	0.60	0.41	68.92	0.13～2.02
有效钼（mg/kg）	172	0.202	0.09	42.79	0.040～0.390
有效硫（mg/kg）	173	15.71	10.13	64.47	5.00～91.10
有效硅（mg/kg）	152	235.89	158.10	67.02	48.38～558.60

耕层质地

砂土		砂壤土		轻壤土		中壤土		重壤土		黏土	
样本数	占比（%）	样本数	占比（%）	样本数	占比（%）	样本数	占比（%）	样本数	占比（%）	样本数	占比（%）
0	0.00	88	49.16	46	25.70	21	11.73	15	8.38	9	5.03

土壤 pH

≤4.5		(4.5～5.5]		(5.5～6.5]		(6.5～7.5]		(7.5～8.5]		>8.5	
样本数	占比（%）	样本数	占比（%）	样本数	占比（%）	样本数	占比（%）	样本数	占比（%）	样本数	占比（%）
0	0.00	0	0.00	1	0.56	0	0.00	170	94.97	8	4.47

潮土—灌淤潮土耕地土壤主要理化性状

项目名称	样本数（个）	平均值	标准差	变异系数（%）	范　围
有效土层厚度（cm）	48	100.0	0.00	0.00	100.0～100.0
耕层厚度（cm）	46	20.6	1.39	6.75	20.0～25.0
耕层容重（g/cm³）	47	1.32	0.08	6.39	1.22～1.58
有机质（g/kg）	47	20.1	4.84	24.01	8.2～30.6
全氮（g/kg）	47	1.209	0.28	23.13	0.420～1.760
有效磷（mg/kg）	48	31.4	19.68	62.73	4.6～84.2
速效钾（mg/kg）	48	214	75.09	35.08	94～400
缓效钾（mg/kg）	48	800	154.91	19.36	498～1 065
有效铜（mg/kg）	18	1.62	1.11	68.24	0.54～4.44
有效锌（mg/kg）	16	1.58	0.82	52.02	0.52～3.16
有效铁（mg/kg）	18	22.44	21.13	94.17	6.31～75.10
有效锰（mg/kg）	17	18.70	22.11	118.24	2.80～100.00
有效硼（mg/kg）	17	0.60	0.27	44.49	0.21～1.07
有效钼（mg/kg）	15	0.118	0.07	60.58	0.050～0.260
有效硫（mg/kg）	18	21.86	7.62	34.85	8.28～35.15
有效硅（mg/kg）	18	218.52	126.12	57.71	84.24～530.22

耕层质地

砂土		砂壤土		轻壤土		中壤土		重壤土		黏土	
样本数	占比（%）	样本数	占比（%）	样本数	占比（%）	样本数	占比（%）	样本数	占比（%）	样本数	占比（%）
0	0.00	0	0.00	0	0.00	5	10.42	2	4.17	41	85.42

土壤 pH

≤4.5		(4.5～5.5]		(5.5～6.5]		(6.5～7.5]		(7.5～8.5]		>8.5	
样本数	占比（%）	样本数	占比（%）	样本数	占比（%）	样本数	占比（%）	样本数	占比（%）	样本数	占比（%）
0	0.00	2	4.17	2	4.17	1	2.08	43	89.58	0	0.00

砂姜黑土—典型砂姜黑土耕地土壤主要理化性状

项目名称	样本数（个）	平均值	标准差	变异系数（%）	范　围
有效土层厚度（cm）	2 825	95.1	13.12	13.79	60.0～100.0
耕层厚度（cm）	2 805	20.1	0.52	2.61	20.0～25.0
耕层容重（g/cm^3）	2 739	1.34	0.08	5.81	1.15～1.62
有机质（g/kg）	2 733	18.7	4.67	24.94	7.5～30.6
全氮（g/kg）	2 469	1.135	0.28	25.00	0.150～1.890
有效磷（mg/kg）	2 825	22.0	15.74	71.54	3.0～108.4
速效钾（mg/kg）	2 818	153	57.69	37.82	58～400
缓效钾（mg/kg）	2 647	533	217.69	40.84	100～1 360
有效铜（mg/kg）	2 292	1.81	0.77	42.77	0.45～6.07
有效锌（mg/kg）	2 256	1.33	0.84	63.25	0.32～5.91
有效铁（mg/kg）	2 271	43.66	28.48	65.23	2.95～114.50
有效锰（mg/kg）	2 331	39.70	28.96	72.94	1.70～100.00
有效硼（mg/kg）	2 309	0.55	0.31	56.43	0.12～2.05
有效钼（mg/kg）	2 265	0.182	0.07	39.47	0.037～0.660
有效硫（mg/kg）	2 326	22.35	14.17	63.38	5.00～146.00
有效硅（mg/kg）	1 879	286.17	146.31	51.13	47.45～562.68

耕层质地

砂土		砂壤土		轻壤土		中壤土		重壤土		黏土	
样本数	占比（%）	样本数	占比（%）	样本数	占比（%）	样本数	占比（%）	样本数	占比（%）	样本数	占比（%）
1	0.04	25	0.88	83	2.92	849	29.87	1 191	41.91	693	24.38

土壤 pH

≤4.5		(4.5～5.5]		(5.5～6.5]		(6.5～7.5]		(7.5～8.5]		>8.5	
样本数	占比（%）	样本数	占比（%）	样本数	占比（%）	样本数	占比（%）	样本数	占比（%）	样本数	占比（%）
19	0.67	705	24.81	956	33.64	710	24.98	434	15.27	18	0.63

砂姜黑土—石灰性砂姜黑土耕地土壤主要理化性状

项目名称	样本数（个）	平均值	标准差	变异系数（%）	范　围
有效土层厚度（cm）	341	94.6	13.68	14.47	60.0～100.0
耕层厚度（cm）	364	20.4	1.37	6.72	20.0～25.0
耕层容重（g/cm³）	327	1.36	0.07	5.47	1.17～1.60
有机质（g/kg）	365	20.5	4.44	21.69	9.3～30.6
全氮（g/kg）	370	1.254	0.26	20.45	0.522～1.860
有效磷（mg/kg）	371	22.2	15.57	70.22	3.0～87.6
速效钾（mg/kg）	376	182	65.22	35.83	62～400
缓效钾（mg/kg）	376	703	235.52	33.52	100～1 304
有效铜（mg/kg）	173	1.53	0.71	46.56	0.62～5.99
有效锌（mg/kg）	170	1.55	1.01	65.18	0.33～5.44
有效铁（mg/kg）	167	15.73	14.73	93.68	3.15～104.00
有效锰（mg/kg）	167	15.58	15.05	96.61	3.16～100.00
有效硼（mg/kg）	162	0.61	0.29	47.90	0.16～1.96
有效钼（mg/kg）	157	0.168	0.08	47.89	0.040～0.410
有效硫（mg/kg）	160	36.44	26.18	71.84	5.00～150.40
有效硅（mg/kg）	153	181.18	96.25	53.12	57.12～523.98

耕层质地

砂土		砂壤土		轻壤土		中壤土		重壤土		黏土	
样本数	占比（%）	样本数	占比（%）	样本数	占比（%）	样本数	占比（%）	样本数	占比（%）	样本数	占比（%）
0	0.00	2	0.53	39	10.37	108	28.72	151	40.16	76	20.21

土壤 pH

≤4.5		(4.5～5.5]		(5.5～6.5]		(6.5～7.5]		(7.5～8.5]		>8.5	
样本数	占比（%）	样本数	占比（%）	样本数	占比（%）	样本数	占比（%）	样本数	占比（%）	样本数	占比（%）
0	0.00	18	4.79	36	9.57	60	15.96	254	67.55	8	2.13

砂姜黑土—碱化砂姜黑土耕地土壤主要理化性状

项目名称	样本数（个）	平均值	标准差	变异系数（%）	范　围
有效土层厚度（cm）	1	100.0	—	—	—
耕层厚度（cm）	1	20.0	—	—	—
耕层容重（g/cm³）	0	—	—	—	—
有机质（g/kg）	1	16.0	—	—	—
全氮（g/kg）	1	0.860	—	—	—
有效磷（mg/kg）	1	8.6	—	—	—
速效钾（mg/kg）	1	202	—	—	—
缓效钾（mg/kg）	1	258	—	—	—
有效铜（mg/kg）	1	0.97	—	—	—
有效锌（mg/kg）	1	0.45	—	—	—
有效铁（mg/kg）	1	39.50	—	—	—
有效锰（mg/kg）	1	8.50	—	—	—
有效硼（mg/kg）	1	0.55	—	—	—
有效钼（mg/kg）	1	0.130	—	—	—
有效硫（mg/kg）	1	35.45	—	—	—
有效硅（mg/kg）	1	403.67	—	—	—

耕层质地

砂土		砂壤土		轻壤土		中壤土		重壤土		黏土	
样本数	占比（%）	样本数	占比（%）	样本数	占比（%）	样本数	占比（%）	样本数	占比（%）	样本数	占比（%）
0	0.00	0	0.00	0	0.00	1	100.00	0	0.00	0	0.00

土壤 pH

≤4.5		(4.5～5.5]		(5.5～6.5]		(6.5～7.5]		(7.5～8.5]		>8.5	
样本数	占比（%）	样本数	占比（%）	样本数	占比（%）	样本数	占比（%）	样本数	占比（%）	样本数	占比（%）
0	0.00	0	0.00	0	0.00	1	100.00	0	0.00	0	0.00

砂姜黑土—黑黏土耕地土壤主要理化性状

项目名称	样本数（个）	平均值	标准差	变异系数（%）	范围
有效土层厚度（cm）	9	100.0	0.00	0.00	100.0～100.0
耕层厚度（cm）	9	20.6	1.67	8.11	20.0～25.0
耕层容重（g/cm^3）	9	1.33	0.05	4.09	1.25～1.39
有机质（g/kg）	9	19.2	5.27	27.38	14.0～29.0
全氮（g/kg）	9	1.064	0.39	36.33	0.700～1.640
有效磷（mg/kg）	9	21.3	8.66	40.62	10.8～34.4
速效钾（mg/kg）	9	150	55.52	36.90	70～225
缓效钾（mg/kg）	9	623	95.96	15.40	500～782
有效铜（mg/kg）	2	1.68	0.15	8.87	1.57～1.78
有效锌（mg/kg）	2	1.56	0.18	11.79	1.43～1.69
有效铁（mg/kg）	2	18.31	14.71	80.39	7.90～28.71
有效锰（mg/kg）	2	15.33	7.11	46.40	10.30～20.36
有效硼（mg/kg）	2	0.47	0.36	77.55	0.21～0.72
有效钼（mg/kg）	2	0.100	0.01	14.14	0.090～0.110
有效硫（mg/kg）	2	14.43	0.28	1.91	14.23～14.62
有效硅（mg/kg）	2	326.45	240.63	73.71	156.30～496.60

耕层质地

砂土		砂壤土		轻壤土		中壤土		重壤土		黏土	
样本数	占比（%）	样本数	占比（%）	样本数	占比（%）	样本数	占比（%）	样本数	占比（%）	样本数	占比（%）
0	0.00	0	0.00	0	0.00	1	11.11	3	33.33	5	55.56

土壤 pH

≤4.5		(4.5～5.5]		(5.5～6.5]		(6.5～7.5]		(7.5～8.5]		>8.5	
样本数	占比（%）	样本数	占比（%）	样本数	占比（%）	样本数	占比（%）	样本数	占比（%）	样本数	占比（%）
0	0.00	1	11.11	1	11.11	1	11.11	6	66.67	0	0.00

沼泽土—典型沼泽土耕地土壤主要理化性状

项目名称	样本数（个）	平均值	标准差	变异系数（%）	范　围
有效土层厚度（cm）	1	100.0	—	—	—
耕层厚度（cm）	1	20.0	—	—	—
耕层容重（g/cm^3）	1	1.23	—	—	—
有机质（g/kg）	1	28.9	—	—	—
全氮（g/kg）	1	1.840	—	—	—
有效磷（mg/kg）	1	8.8	—	—	—
速效钾（mg/kg）	1	182	—	—	—
缓效钾（mg/kg）	1	826	—	—	—
有效铜（mg/kg）	1	2.73	—	—	—
有效锌（mg/kg）	1	1.80	—	—	—
有效铁（mg/kg）	1	13.40	—	—	—
有效锰（mg/kg）	1	6.30	—	—	—
有效硼（mg/kg）	1	1.01	—	—	—
有效钼（mg/kg）	1	0.250	—	—	—
有效硫（mg/kg）	1	16.10	—	—	—
有效硅（mg/kg）	1	202.00	—	—	—

耕层质地

砂土		砂壤土		轻壤土		中壤土		重壤土		黏土	
样本数	占比（%）	样本数	占比（%）	样本数	占比（%）	样本数	占比（%）	样本数	占比（%）	样本数	占比（%）
0	0.00	0	0.00	0	0.00	0	0.00	1	100.00	0	0.00

土壤 pH

≤4.5		(4.5～5.5]		(5.5～6.5]		(6.5～7.5]		(7.5～8.5]		>8.5	
样本数	占比（%）	样本数	占比（%）	样本数	占比（%）	样本数	占比（%）	样本数	占比（%）	样本数	占比（%）
0	0.00	0	0.00	0	0.00	0	0.00	1	100.00	0	0.00

沼泽土—草甸沼泽土耕地土壤主要理化性状

项目名称	样本数（个）	平均值	标准差	变异系数（%）	范　围
有效土层厚度（cm）	5	100.0	0.00	0.00	100.0～100.0
耕层厚度（cm）	4	20.0	0.00	0.00	20.0～20.0
耕层容重（g/cm^3）	5	1.48	0.08	5.34	1.37～1.56
有机质（g/kg）	5	15.8	3.10	19.63	11.8～19.3
全氮（g/kg）	5	0.898	0.16	17.54	0.640～1.030
有效磷（mg/kg）	5	26.6	11.38	42.83	17.5～42.8
速效钾（mg/kg）	4	168	100.55	59.76	87～303
缓效钾（mg/kg）	4	674	242.10	35.92	413～997
有效铜（mg/kg）	5	1.60	0.96	60.24	0.72～3.10
有效锌（mg/kg）	5	1.36	0.61	44.68	0.62～2.13
有效铁（mg/kg）	4	31.06	40.22	129.50	3.94～90.50
有效锰（mg/kg）	5	10.76	8.74	81.26	2.15～25.55
有效硼（mg/kg）	5	1.21	0.41	33.55	0.87～1.92
有效钼（mg/kg）	5	0.288	0.17	60.01	0.040～0.500
有效硫（mg/kg）	5	29.89	32.00	107.08	5.91～78.50
有效硅（mg/kg）	5	135.23	57.75	42.71	77.22～217.28

耕层质地

砂土		砂壤土		轻壤土		中壤土		重壤土		黏土	
样本数	占比（%）	样本数	占比（%）	样本数	占比（%）	样本数	占比（%）	样本数	占比（%）	样本数	占比（%）
0	0.00	0	0.00	1	20.00	1	20.00	2	40.00	1	20.00

土壤 pH

≤4.5		(4.5～5.5]		(5.5～6.5]		(6.5～7.5]		(7.5～8.5]		>8.5	
样本数	占比（%）	样本数	占比（%）	样本数	占比（%）	样本数	占比（%）	样本数	占比（%）	样本数	占比（%）
0	0.00	0	0.00	0	0.00	0	0.00	5	100.00	0	0.00

沼泽土—盐化沼泽土耕地土壤主要理化性状

项目名称	样本数（个）	平均值	标准差	变异系数（%）	范　围
有效土层厚度（cm）	14	100.0	0.00	0.00	100.0～100.0
耕层厚度（cm）	8	20.8	1.49	7.17	20.0～24.0
耕层容重（g/cm³）	14	1.35	0.00	0.00	1.35～1.35
有机质（g/kg）	14	17.2	2.57	14.94	12.7～22.4
全氮（g/kg）	14	0.911	0.15	15.94	0.677～1.280
有效磷（mg/kg）	14	13.3	18.69	141.00	3.9～76.5
速效钾（mg/kg）	14	357	82.78	23.17	119～400
缓效钾（mg/kg）	12	982	190.51	19.41	679～1 334
有效铜（mg/kg）	13	4.70	1.14	24.15	2.80～6.09
有效锌（mg/kg）	14	1.84	0.21	11.54	1.45～2.31
有效铁（mg/kg）	14	18.99	5.37	28.31	7.60～26.40
有效锰（mg/kg）	9	11.12	4.32	38.87	6.90～17.80
有效硼（mg/kg）	14	1.51	0.26	16.94	1.12～2.06
有效钼（mg/kg）	0	—	—	—	—
有效硫（mg/kg）	14	64.48	33.89	52.56	23.40～137.00
有效硅（mg/kg）	0	—	—	—	—

耕层质地

砂土		砂壤土		轻壤土		中壤土		重壤土		黏土	
样本数	占比（%）	样本数	占比（%）	样本数	占比（%）	样本数	占比（%）	样本数	占比（%）	样本数	占比（%）
0	0.00	0	0.00	0	0.00	0	0.00	13	92.86	1	7.14

土壤 pH

≤4.5		(4.5～5.5]		(5.5～6.5]		(6.5～7.5]		(7.5～8.5]		>8.5	
样本数	占比（%）	样本数	占比（%）	样本数	占比（%）	样本数	占比（%）	样本数	占比（%）	样本数	占比（%）
0	0.00	0	0.00	0	0.00	3	21.43	9	64.29	2	14.29

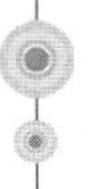

草甸盐土—典型草甸盐土耕地土壤主要理化性状

项目名称	样本数（个）	平均值	标准差	变异系数（%）	范　围
有效土层厚度（cm）	27	95.6	12.81	13.41	60.0～100.0
耕层厚度（cm）	27	20.0	0.00	0.00	20.0～20.0
耕层容重（g/cm^3）	14	1.34	0.12	8.67	1.18～1.53
有机质（g/kg）	26	19.3	5.15	26.69	8.5～30.0
全氮（g/kg）	24	1.115	0.44	39.27	0.150～1.559
有效磷（mg/kg）	27	26.1	16.51	63.25	4.5～76.4
速效钾（mg/kg）	27	222	104.64	47.10	68～400
缓效钾（mg/kg）	24	891	221.05	24.80	424～1 317
有效铜（mg/kg）	25	1.41	0.87	62.03	0.52～4.99
有效锌（mg/kg）	25	1.71	0.99	57.83	0.37～3.76
有效铁（mg/kg）	25	13.01	5.94	45.65	7.49～33.90
有效锰（mg/kg）	25	9.67	3.54	36.63	4.19～18.90
有效硼（mg/kg）	24	0.75	0.34	45.90	0.27～1.62
有效钼（mg/kg）	25	0.155	0.08	48.51	0.040～0.330
有效硫（mg/kg）	25	56.18	38.94	69.32	5.42～127.59
有效硅（mg/kg）	25	119.21	48.93	41.04	62.71～244.80

耕层质地

砂土		砂壤土		轻壤土		中壤土		重壤土		黏土	
样本数	占比（%）	样本数	占比（%）	样本数	占比（%）	样本数	占比（%）	样本数	占比（%）	样本数	占比（%）
0	0.00	1	3.70	14	51.85	8	29.63	0	0.00	4	14.81

土壤 pH

≤4.5		(4.5～5.5]		(5.5～6.5]		(6.5～7.5]		(7.5～8.5]		>8.5	
样本数	占比（%）	样本数	占比（%）	样本数	占比（%）	样本数	占比（%）	样本数	占比（%）	样本数	占比（%）
0	0.00	0	0.00	0	0.00	1	3.70	25	92.59	1	3.70

草甸盐土—碱化盐土耕地土壤主要理化性状

项目名称	样本数（个）	平均值	标准差	变异系数（%）	范　围
有效土层厚度（cm）	4	100.0	0.00	0.00	100.0～100.0
耕层厚度（cm）	4	20.0	0.00	0.00	20.0～20.0
耕层容重（g/cm^3）	4	1.31	0.06	4.46	1.25～1.38
有机质（g/kg）	4	22.4	6.06	27.05	16.7～30.2
全氮（g/kg）	4	1.215	0.19	16.02	0.950～1.400
有效磷（mg/kg）	4	17.7	7.00	39.59	8.6～24.3
速效钾（mg/kg）	4	251	62.65	24.96	181～320
缓效钾（mg/kg）	3	949	253.62	26.73	661～1 139
有效铜（mg/kg）	3	1.03	0.21	20.06	0.81～1.22
有效锌（mg/kg）	3	0.59	0.16	27.25	0.42～0.74
有效铁（mg/kg）	3	13.33	3.47	26.04	11.20～17.34
有效锰（mg/kg）	3	6.17	3.08	49.95	2.72～8.65
有效硼（mg/kg）	3	0.50	0.06	12.00	0.44～0.56
有效钼（mg/kg）	3	0.247	0.06	22.33	0.210～0.310
有效硫（mg/kg）	3	104.03	16.54	15.90	85.34～116.76
有效硅（mg/kg）	3	115.03	14.64	12.73	99.00～127.71

耕层质地

砂土		砂壤土		轻壤土		中壤土		重壤土		黏土	
样本数	占比（%）	样本数	占比（%）	样本数	占比（%）	样本数	占比（%）	样本数	占比（%）	样本数	占比（%）
1	25.00	1	25.00	0	0.00	2	50.00	0	0.00	0	0.00

土壤 pH

≤4.5		(4.5～5.5]		(5.5～6.5]		(6.5～7.5]		(7.5～8.5]		>8.5	
样本数	占比（%）	样本数	占比（%）	样本数	占比（%）	样本数	占比（%）	样本数	占比（%）	样本数	占比（%）
0	0.00	0	0.00	0	0.00	0	0.00	4	100.00	0	0.00

滨海盐土—典型滨海盐土耕地土壤主要理化性状

项目名称	样本数（个）	平均值	标准差	变异系数（%）	范　围
有效土层厚度（cm）	12	100.0	0.00	0.00	100.0～100.0
耕层厚度（cm）	12	20.0	0.00	0.00	20.0～20.0
耕层容重（g/cm³）	7	1.54	0.08	5.47	1.35～1.59
有机质（g/kg）	12	14.4	2.86	19.80	9.1～19.7
全氮（g/kg）	12	0.933	0.15	15.98	0.632～1.170
有效磷（mg/kg）	12	21.7	15.62	72.12	6.5～51.0
速效钾（mg/kg）	12	332	97.42	29.31	73～400
缓效钾（mg/kg）	5	863	271.10	31.42	505～1 200
有效铜（mg/kg）	12	1.89	0.71	37.82	1.39～3.96
有效锌（mg/kg）	11	2.09	1.16	55.75	0.57～4.15
有效铁（mg/kg）	12	28.63	11.39	39.79	7.04～46.29
有效锰（mg/kg）	12	23.70	26.72	112.73	2.73～100.00
有效硼（mg/kg）	10	1.22	0.50	41.25	0.76～2.00
有效钼（mg/kg）	11	0.218	0.17	79.86	0.060～0.640
有效硫（mg/kg）	11	75.53	32.44	42.95	24.10～133.00
有效硅（mg/kg）	11	216.43	88.18	40.74	67.50～316.00

耕层质地

砂土		砂壤土		轻壤土		中壤土		重壤土		黏土	
样本数	占比（%）	样本数	占比（%）	样本数	占比（%）	样本数	占比（%）	样本数	占比（%）	样本数	占比（%）
0	0.00	1	8.33	0	0.00	2	16.67	2	16.67	7	58.33

土壤 pH

≤4.5		(4.5～5.5]		(5.5～6.5]		(6.5～7.5]		(7.5～8.5]		>8.5	
样本数	占比（%）	样本数	占比（%）	样本数	占比（%）	样本数	占比（%）	样本数	占比（%）	样本数	占比（%）
0	0.00	0	0.00	0	0.00	1	8.33	7	58.33	4	33.33

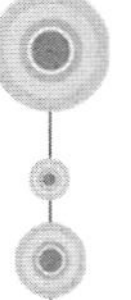

滨海盐土—滨海沼泽盐土耕地土壤主要理化性状

项目名称	样本数（个）	平均值	标准差	变异系数（%）	范　围
有效土层厚度（cm）	4	100.0	0.00	0.00	100.0～100.0
耕层厚度（cm）	4	20.0	0.00	0.00	20.0～20.0
耕层容重（g/cm³）	2	1.54	0.01	0.92	1.53～1.55
有机质（g/kg）	4	18.2	4.39	24.19	13.6～23.2
全氮（g/kg）	4	1.278	0.26	20.59	1.110～1.670
有效磷（mg/kg）	4	34.3	6.36	18.56	25.3～40.3
速效钾（mg/kg）	4	331	46.79	14.16	299～400
缓效钾（mg/kg）	0	—	—	—	—
有效铜（mg/kg）	4	1.42	0.23	15.95	1.21～1.74
有效锌（mg/kg）	4	2.23	1.03	46.22	1.02～3.47
有效铁（mg/kg）	4	21.23	9.39	44.26	10.70～33.00
有效锰（mg/kg）	4	14.66	7.19	49.04	8.34～24.98
有效硼（mg/kg）	4	1.09	0.18	16.73	0.83～1.22
有效钼（mg/kg）	4	0.163	0.13	77.90	0.040～0.340
有效硫（mg/kg）	4	36.64	32.83	89.60	8.97～82.45
有效硅（mg/kg）	4	273.14	52.50	19.22	194.55～304.00

耕层质地

砂土		砂壤土		轻壤土		中壤土		重壤土		黏土	
样本数	占比（%）	样本数	占比（%）	样本数	占比（%）	样本数	占比（%）	样本数	占比（%）	样本数	占比（%）
0	0.00	0	0.00	0	0.00	0	0.00	4	100.00	0	0.00

土壤 pH

≤4.5		(4.5～5.5]		(5.5～6.5]		(6.5～7.5]		(7.5～8.5]		>8.5	
样本数	占比（%）	样本数	占比（%）	样本数	占比（%）	样本数	占比（%）	样本数	占比（%）	样本数	占比（%）
0	0.00	0	0.00	0	0.00	0	0.00	4	100.00	0	0.00

滨海盐土—滨海潮滩盐土耕地土壤主要理化性状

项目名称	样本数（个）	平均值	标准差	变异系数（%）	范　围
有效土层厚度（cm）	6	100.0	0.00	0.00	100.0～100.0
耕层厚度（cm）	6	20.0	0.00	0.00	20.0～20.0
耕层容重（g/cm^3）	6	1.36	0.06	4.50	1.28～1.45
有机质（g/kg）	6	16.8	6.63	39.58	9.7～24.9
全氮（g/kg）	6	1.128	0.37	32.71	0.550～1.655
有效磷（mg/kg）	6	3.0	0.00	0.00	3.0～3.0
速效钾（mg/kg）	6	171	67.64	39.55	95～254
缓效钾（mg/kg）	6	100	0.00	0.00	100～100
有效铜（mg/kg）	5	1.69	0.24	14.25	1.46～2.04
有效锌（mg/kg）	6	1.56	1.07	68.54	0.63～3.33
有效铁（mg/kg）	6	16.35	6.37	38.93	12.49～29.08
有效锰（mg/kg）	6	9.58	1.86	19.41	6.55～11.75
有效硼（mg/kg）	6	1.11	0.38	34.22	0.71～1.65
有效钼（mg/kg）	6	0.227	0.02	9.53	0.200～0.260
有效硫（mg/kg）	5	83.37	30.34	36.39	49.50～126.30
有效硅（mg/kg）	6	98.03	23.69	24.17	63.20～117.50

耕层质地

砂土		砂壤土		轻壤土		中壤土		重壤土		黏土	
样本数	占比（%）	样本数	占比（%）	样本数	占比（%）	样本数	占比（%）	样本数	占比（%）	样本数	占比（%）
0	0.00	0	0.00	5	83.33	0	0.00	1	16.67	0	0.00

土壤 pH

≤4.5		(4.5～5.5]		(5.5～6.5]		(6.5～7.5]		(7.5～8.5]		>8.5	
样本数	占比（%）	样本数	占比（%）	样本数	占比（%）	样本数	占比（%）	样本数	占比（%）	样本数	占比（%）
0	0.00	0	0.00	0	0.00	1	16.67	5	83.33	0	0.00

水稻土—潴育水稻土耕地土壤主要理化性状

项目名称	样本数（个）	平均值	标准差	变异系数（%）	范　围
有效土层厚度（cm）	183	95.0	13.30	14.00	60.0～100.0
耕层厚度（cm）	180	20.0	0.00	0.00	20.0～20.0
耕层容重（g/cm^3）	181	1.33	0.09	6.58	1.15～1.54
有机质（g/kg）	174	20.0	5.06	25.24	8.5～30.2
全氮（g/kg）	177	1.119	0.29	25.94	0.310～1.830
有效磷（mg/kg）	183	17.4	10.15	58.29	3.0～84.3
速效钾（mg/kg）	173	143	59.24	41.51	60～371
缓效钾（mg/kg）	184	483	170.81	35.38	100～917
有效铜（mg/kg）	172	1.87	0.90	48.40	0.48～4.99
有效锌（mg/kg）	177	1.43	0.79	55.36	0.34～5.27
有效铁（mg/kg）	175	35.75	25.66	71.76	2.97～107.10
有效锰（mg/kg）	177	28.89	21.07	72.93	2.14～100.00
有效硼（mg/kg）	176	0.63	0.41	64.38	0.12～1.99
有效钼（mg/kg）	171	0.192	0.10	52.41	0.049～0.650
有效硫（mg/kg）	180	20.43	9.68	47.39	5.00～49.58
有效硅（mg/kg）	145	277.02	141.15	50.95	48.90～561.90

耕层质地

砂土		砂壤土		轻壤土		中壤土		重壤土		黏土	
样本数	占比（%）	样本数	占比（%）	样本数	占比（%）	样本数	占比（%）	样本数	占比（%）	样本数	占比（%）
2	1.09	19	10.33	1	0.54	90	48.91	36	19.57	36	19.57

土壤 pH

≤4.5		(4.5～5.5]		(5.5～6.5]		(6.5～7.5]		(7.5～8.5]		>8.5	
样本数	占比（%）	样本数	占比（%）	样本数	占比（%）	样本数	占比（%）	样本数	占比（%）	样本数	占比（%）
0	0.00	11	5.98	62	33.70	82	44.57	29	15.76	0	0.00

水稻土—淹育水稻土耕地土壤主要理化性状

项目名称	样本数（个）	平均值	标准差	变异系数（%）	范　围
有效土层厚度（cm）	185	97.0	10.61	10.94	60.0～100.0
耕层厚度（cm）	187	20.1	0.52	2.57	20.0～25.0
耕层容重（g/cm^3）	161	1.34	0.09	6.56	1.15～1.58
有机质（g/kg）	181	21.2	5.66	26.68	9.0～30.0
全氮（g/kg）	161	1.212	0.35	28.54	0.183～1.890
有效磷（mg/kg）	184	35.3	27.03	76.67	3.0～109.5
速效钾（mg/kg）	179	156	67.71	43.29	60～355
缓效钾（mg/kg）	171	553	290.06	52.46	100～1 347
有效铜（mg/kg）	124	2.91	1.19	40.79	0.49～6.03
有效锌（mg/kg）	142	2.33	1.11	47.59	0.33～6.58
有效铁（mg/kg）	134	39.95	26.73	66.92	3.90～113.00
有效锰（mg/kg）	141	28.68	22.90	79.86	2.79～100.00
有效硼（mg/kg）	127	0.46	0.25	53.57	0.12～1.56
有效钼（mg/kg）	126	0.168	0.10	57.37	0.039～0.560
有效硫（mg/kg）	108	39.53	36.81	93.13	6.20～152.80
有效硅（mg/kg）	117	137.08	64.07	46.74	55.00～443.01

耕层质地

砂土		砂壤土		轻壤土		中壤土		重壤土		黏土	
样本数	占比（%）	样本数	占比（%）	样本数	占比（%）	样本数	占比（%）	样本数	占比（%）	样本数	占比（%）
3	1.60	11	5.88	28	14.97	65	34.76	17	9.09	63	33.69

土壤 pH

≤4.5		(4.5～5.5]		(5.5～6.5]		(6.5～7.5]		(7.5～8.5]		>8.5	
样本数	占比（%）	样本数	占比（%）	样本数	占比（%）	样本数	占比（%）	样本数	占比（%）	样本数	占比（%）
5	2.67	26	13.90	63	33.69	22	11.76	71	37.97	0	0.00

水稻土—渗育水稻土耕地土壤主要理化性状

项目名称	样本数（个）	平均值	标准差	变异系数（%）	范　围
有效土层厚度（cm）	262	100.0	0.00	0.00	100.0～100.0
耕层厚度（cm）	262	20.0	0.12	0.62	20.0～22.0
耕层容重（g/cm^3）	258	1.31	0.08	6.15	1.15～1.50
有机质（g/kg）	206	21.3	4.95	23.30	8.4～30.7
全氮（g/kg）	233	1.225	0.29	23.80	0.470～1.880
有效磷（mg/kg）	262	25.4	15.57	61.18	4.0～89.9
速效钾（mg/kg）	257	167	64.12	38.49	64～400
缓效钾（mg/kg）	261	546	174.55	31.97	100～1 071
有效铜（mg/kg）	254	1.74	0.78	45.12	0.49～5.96
有效锌（mg/kg）	259	1.28	0.78	60.91	0.32～6.20
有效铁（mg/kg）	261	34.21	20.08	58.70	2.90～97.75
有效锰（mg/kg）	262	24.19	12.31	50.88	1.60～100.00
有效硼（mg/kg）	259	0.60	0.38	62.89	0.13～1.99
有效钼（mg/kg）	262	0.183	0.06	31.33	0.090～0.550
有效硫（mg/kg）	262	24.65	13.49	54.73	5.00～87.60
有效硅（mg/kg）	240	298.19	151.61	50.84	47.15～560.56

耕层质地

砂土		砂壤土		轻壤土		中壤土		重壤土		黏土	
样本数	占比（%）	样本数	占比（%）	样本数	占比（%）	样本数	占比（%）	样本数	占比（%）	样本数	占比（%）
0	0.00	26	9.92	0	0.00	103	39.31	42	16.03	91	34.73

土壤 pH

≤4.5		(4.5～5.5]		(5.5～6.5]		(6.5～7.5]		(7.5～8.5]		>8.5	
样本数	占比（%）	样本数	占比（%）	样本数	占比（%）	样本数	占比（%）	样本数	占比（%）	样本数	占比（%）
0	0.00	26	9.92	114	43.51	74	28.24	48	18.32	0	0.00

水稻土—潜育水稻土耕地土壤主要理化性状

项目名称	样本数（个）	平均值	标准差	变异系数（%）	范　围
有效土层厚度（cm）	8	100.0	0.00	0.00	100.0～100.0
耕层厚度（cm）	8	20.0	0.00	0.00	20.0～20.0
耕层容重（g/cm^3）	8	1.31	0.07	5.50	1.25～1.42
有机质（g/kg）	7	17.4	4.18	24.10	13.9～23.5
全氮（g/kg）	7	0.833	0.42	50.44	0.320～1.410
有效磷（mg/kg）	8	17.3	9.53	55.07	7.2～34.9
速效钾（mg/kg）	8	131	26.44	20.26	94～170
缓效钾（mg/kg）	7	667	58.22	8.73	618～783
有效铜（mg/kg）	8	1.15	0.18	15.79	0.78～1.38
有效锌（mg/kg）	8	1.59	0.64	39.99	1.10～2.95
有效铁（mg/kg）	8	12.09	12.90	106.77	2.95～40.60
有效锰（mg/kg）	8	13.02	3.67	28.19	9.36～21.10
有效硼（mg/kg）	8	0.40	0.21	53.00	0.12～0.84
有效钼（mg/kg）	7	0.146	0.05	32.40	0.100～0.210
有效硫（mg/kg）	8	26.94	23.53	87.35	10.26～75.00
有效硅（mg/kg）	8	237.90	52.71	22.16	120.65～289.30

耕层质地

砂土		砂壤土		轻壤土		中壤土		重壤土		黏土	
样本数	占比（%）	样本数	占比（%）	样本数	占比（%）	样本数	占比（%）	样本数	占比（%）	样本数	占比（%）
0	0.00	2	25.00	3	37.50	2	25.00	1	12.50	0	0.00

土壤 pH

≤4.5		(4.5～5.5]		(5.5～6.5]		(6.5～7.5]		(7.5～8.5]		>8.5	
样本数	占比（%）	样本数	占比（%）	样本数	占比（%）	样本数	占比（%）	样本数	占比（%）	样本数	占比（%）
0	0.00	0	0.00	0	0.00	0	0.00	8	100.00	0	0.00

水稻土—漂洗水稻土耕地土壤主要理化性状

项目名称	样本数（个）	平均值	标准差	变异系数（%）	范　围
有效土层厚度（cm）	74	93.5	14.84	15.87	60.0～100.0
耕层厚度（cm）	74	20.0	0.12	0.58	20.0～21.0
耕层容重（g/cm^3）	69	1.35	0.13	9.24	1.15～1.53
有机质（g/kg）	72	18.9	4.67	24.79	11.9～30.7
全氮（g/kg）	73	1.072	0.25	23.51	0.680～1.850
有效磷（mg/kg）	74	17.5	17.21	98.27	3.0～109.0
速效钾（mg/kg）	72	130	57.45	44.24	58～283
缓效钾（mg/kg）	74	415	146.38	35.31	100～752
有效铜（mg/kg）	47	2.22	1.30	58.36	0.54～5.83
有效锌（mg/kg）	47	1.62	0.83	51.28	0.43～3.35
有效铁（mg/kg）	50	45.01	31.01	68.88	3.90～109.30
有效锰（mg/kg）	51	34.19	19.01	55.61	4.94～71.50
有效硼（mg/kg）	50	0.59	0.39	66.01	0.13～1.69
有效钼（mg/kg）	46	0.178	0.13	72.81	0.037～0.630
有效硫（mg/kg）	50	28.54	11.47	40.19	8.23～80.80
有效硅（mg/kg）	35	286.40	157.85	55.11	48.50～563.12

耕层质地

砂土		砂壤土		轻壤土		中壤土		重壤土		黏土	
样本数	占比（%）	样本数	占比（%）	样本数	占比（%）	样本数	占比（%）	样本数	占比（%）	样本数	占比（%）
0	0.00	0	0.00	0	0.00	38	51.35	27	36.49	9	12.16

土壤 pH

≤4.5		(4.5～5.5]		(5.5～6.5]		(6.5～7.5]		(7.5～8.5]		>8.5	
样本数	占比（%）	样本数	占比（%）	样本数	占比（%）	样本数	占比（%）	样本数	占比（%）	样本数	占比（%）
0	0.00	6	8.11	32	43.24	33	44.59	3	4.05	0	0.00

水稻土—盐渍水稻土耕地土壤主要理化性状

项目名称	样本数（个）	平均值	标准差	变异系数（%）	范围
有效土层厚度（cm）	30	100.0	0.00	0.00	100.0～100.0
耕层厚度（cm）	30	20.0	0.00	0.00	20.0～20.0
耕层容重（g/cm^3）	20	1.51	0.05	3.48	1.36～1.60
有机质（g/kg）	30	19.4	4.16	21.51	13.4～29.1
全氮（g/kg）	28	1.194	0.27	22.72	0.840～1.790
有效磷（mg/kg）	30	42.7	21.53	50.48	13.9～93.6
速效钾（mg/kg）	30	285	81.78	28.68	120～400
缓效钾（mg/kg）	15	705	357.50	50.68	404～1 330
有效铜（mg/kg）	27	2.00	1.13	56.47	1.13～5.38
有效锌（mg/kg）	28	2.14	0.97	45.33	0.88～4.47
有效铁（mg/kg）	30	34.32	22.42	65.32	7.60～87.50
有效锰（mg/kg）	30	23.34	23.13	99.10	3.09～100.00
有效硼（mg/kg）	30	1.29	0.32	25.09	0.84～1.87
有效钼（mg/kg）	28	0.250	0.20	79.52	0.040～0.670
有效硫（mg/kg）	28	52.27	34.86	66.68	8.51～122.00
有效硅（mg/kg）	30	268.79	59.61	22.18	126.60～352.00

耕层质地

砂土		砂壤土		轻壤土		中壤土		重壤土		黏土	
样本数	占比（%）	样本数	占比（%）	样本数	占比（%）	样本数	占比（%）	样本数	占比（%）	样本数	占比（%）
0	0.00	2	6.67	7	23.33	2	6.67	15	50.00	4	13.33

土壤 pH

≤4.5		(4.5～5.5]		(5.5～6.5]		(6.5～7.5]		(7.5～8.5]		>8.5	
样本数	占比（%）	样本数	占比（%）	样本数	占比（%）	样本数	占比（%）	样本数	占比（%）	样本数	占比（%）
0	0.00	0	0.00	0	0.00	8	26.67	22	73.33	0	0.00

三、土　属

黄棕壤—典型黄棕壤—黄土质黄棕壤耕地土壤主要理化性状

项目名称	样本数（个）	平均值	标准差	变异系数（%）	范　围
有效土层厚度（cm）	3	100.0	0.00	0.00	100.0～100.0
耕层厚度（cm）	3	20.0	0.00	0.00	20.0～20.0
耕层容重（g/cm^3）	3	1.25	0.01	0.46	1.24～1.25
有机质（g/kg）	3	23.4	4.79	20.50	19.2～28.6
全氮（g/kg）	3	1.373	0.29	21.13	1.120～1.690
有效磷（mg/kg）	2	30.6	0.21	0.69	30.4～30.7
速效钾（mg/kg）	3	147	29.50	20.02	118～177
缓效钾（mg/kg）	3	538	17.04	3.17	528～558
有效铜（mg/kg）	0	—	—	—	—
有效锌（mg/kg）	0	—	—	—	—
有效铁（mg/kg）	0	—	—	—	—
有效锰（mg/kg）	0	—	—	—	—
有效硼（mg/kg）	0	—	—	—	—
有效钼（mg/kg）	0	—	—	—	—
有效硫（mg/kg）	0	—	—	—	—
有效硅（mg/kg）	0	—	—	—	—

耕层质地

砂土		砂壤土		轻壤土		中壤土		重壤土		黏土	
样本数	占比（%）	样本数	占比（%）	样本数	占比（%）	样本数	占比（%）	样本数	占比（%）	样本数	占比（%）
0	0.00	0	0.00	0	0.00	3	100.00	0	0.00	0	0.00

土壤 pH

≤4.5		(4.5～5.5]		(5.5～6.5]		(6.5～7.5]		(7.5～8.5]		>8.5	
样本数	占比（%）	样本数	占比（%）	样本数	占比（%）	样本数	占比（%）	样本数	占比（%）	样本数	占比（%）
0	0.00	2	66.67	1	33.33	0	0.00	0	0.00	0	0.00

黄棕壤—典型黄棕壤—麻砂质黄棕壤耕地土壤主要理化性状

项目名称	样本数（个）	平均值	标准差	变异系数（%）	范　围
有效土层厚度（cm）	9	82.2	21.08	25.64	60.0～100.0
耕层厚度（cm）	9	20.0	0.00	0.00	20.0～20.0
耕层容重（g/cm^3）	9	1.40	0.09	6.58	1.16～1.47
有机质（g/kg）	8	21.3	4.64	21.81	16.3～28.8
全氮（g/kg）	9	1.241	0.22	17.34	0.940～1.520
有效磷（mg/kg）	9	22.9	15.59	68.19	6.3～51.0
速效钾（mg/kg）	8	114	39.70	34.91	74～176
缓效钾（mg/kg）	9	771	230.86	29.94	454～1 122
有效铜（mg/kg）	9	3.02	0.91	30.31	1.57～4.50
有效锌（mg/kg）	9	3.29	0.98	29.63	2.33～5.54
有效铁（mg/kg）	9	48.37	14.07	29.10	15.50～61.50
有效锰（mg/kg）	9	59.87	20.52	34.28	28.69～90.70
有效硼（mg/kg）	7	0.39	0.18	45.86	0.22～0.74
有效钼（mg/kg）	8	0.163	0.07	41.83	0.040～0.270
有效硫（mg/kg）	9	13.28	4.25	31.96	7.50～22.70
有效硅（mg/kg）	9	212.30	75.54	35.58	113.60～339.76

耕层质地

砂土		砂壤土		轻壤土		中壤土		重壤土		黏土	
样本数	占比（%）	样本数	占比（%）	样本数	占比（%）	样本数	占比（%）	样本数	占比（%）	样本数	占比（%）
0	0.00	0	0.00	7	77.78	0	0.00	0	0.00	2	22.22

土壤 pH

≤4.5		(4.5～5.5]		(5.5～6.5]		(6.5～7.5]		(7.5～8.5]		>8.5	
样本数	占比（%）	样本数	占比（%）	样本数	占比（%）	样本数	占比（%）	样本数	占比（%）	样本数	占比（%）
0	0.00	6	66.67	2	22.22	1	11.11	0	0.00	0	0.00

黄棕壤—典型黄棕壤—砂泥质黄棕壤耕地土壤主要理化性状

项目名称	样本数（个）	平均值	标准差	变异系数（%）	范　围
有效土层厚度（cm）	2	100.0	0.00	0.00	100.0～100.0
耕层厚度（cm）	2	20.0	0.00	0.00	20.0～20.0
耕层容重（g/cm^3）	2	1.23	0.01	1.15	1.22～1.24
有机质（g/kg）	2	17.9	5.73	32.09	13.8～21.9
全氮（g/kg）	2	0.930	0.31	33.45	0.710～1.150
有效磷（mg/kg）	2	7.0	1.13	16.16	6.2～7.8
速效钾（mg/kg）	2	172	2.83	1.64	170～174
缓效钾（mg/kg）	2	414	133.25	32.22	319～508
有效铜（mg/kg）	2	1.31	0.98	74.49	0.62～2.00
有效锌（mg/kg）	2	1.88	0.83	44.38	1.29～2.47
有效铁（mg/kg）	2	23.16	25.36	109.49	5.23～41.10
有效锰（mg/kg）	2	25.00	3.44	13.75	22.57～27.43
有效硼（mg/kg）	2	1.02	0.48	47.14	0.68～1.36
有效钼（mg/kg）	2	0.130	0.01	10.88	0.120～0.140
有效硫（mg/kg）	2	23.00	14.91	64.82	12.46～33.55
有效硅（mg/kg）	2	474.69	116.69	24.58	392.17～557.20

耕层质地

砂土		砂壤土		轻壤土		中壤土		重壤土		黏土	
样本数	占比（%）	样本数	占比（%）	样本数	占比（%）	样本数	占比（%）	样本数	占比（%）	样本数	占比（%）
0	0.00	0	0.00	0	0.00	1	50.00	1	50.00	0	0.00

土壤 pH

≤4.5		(4.5～5.5]		(5.5～6.5]		(6.5～7.5]		(7.5～8.5]		>8.5	
样本数	占比（%）	样本数	占比（%）	样本数	占比（%）	样本数	占比（%）	样本数	占比（%）	样本数	占比（%）
0	0.00	0	0.00	0	0.00	1	50.00	1	50.00	0	0.00

黄棕壤—典型黄棕壤—泥质黄棕壤耕地土壤主要理化性状

项目名称	样本数（个）	平均值	标准差	变异系数（%）	范　围
有效土层厚度（cm）	2	100.0	0.00	0.00	100.0～100.0
耕层厚度（cm）	2	20.0	0.00	0.00	20.0～20.0
耕层容重（g/cm^3）	2	1.26	0.01	1.12	1.25～1.27
有机质（g/kg）	2	20.8	2.69	12.92	18.9～22.7
全氮（g/kg）	2	1.160	0.14	12.19	1.060～1.260
有效磷（mg/kg）	2	45.4	25.81	56.91	27.1～63.6
速效钾（mg/kg）	2	231	80.61	34.90	174～288
缓效钾（mg/kg）	2	677	84.85	12.53	617～737
有效铜（mg/kg）	0	—	—	—	—
有效锌（mg/kg）	0	—	—	—	—
有效铁（mg/kg）	0	—	—	—	—
有效锰（mg/kg）	0	—	—	—	—
有效硼（mg/kg）	0	—	—	—	—
有效钼（mg/kg）	0	—	—	—	—
有效硫（mg/kg）	0	—	—	—	—
有效硅（mg/kg）	0	—	—	—	—

耕层质地

砂土		砂壤土		轻壤土		中壤土		重壤土		黏土	
样本数	占比（%）	样本数	占比（%）	样本数	占比（%）	样本数	占比（%）	样本数	占比（%）	样本数	占比（%）
0	0.00	0	0.00	0	0.00	2	100.00	0	0.00	0	0.00

土壤 pH

≤4.5		(4.5～5.5]		(5.5～6.5]		(6.5～7.5]		(7.5～8.5]		>8.5	
样本数	占比（%）	样本数	占比（%）	样本数	占比（%）	样本数	占比（%）	样本数	占比（%）	样本数	占比（%）
0	0.00	1	50.00	1	50.00	0	0.00	0	0.00	0	0.00

黄棕壤—黄棕壤性土—硅质黄棕壤性土耕地土壤主要理化性状

项目名称	样本数（个）	平均值	标准差	变异系数（%）	范　围
有效土层厚度（cm）	16	85.0	20.00	23.53	60.0～100.0
耕层厚度（cm）	16	20.0	0.00	0.00	20.0～20.0
耕层容重（g/cm³）	15	1.32	0.09	6.49	1.21～1.45
有机质（g/kg）	14	17.8	4.85	27.24	10.3～25.0
全氮（g/kg）	16	1.092	0.19	17.65	0.756～1.400
有效磷（mg/kg）	16	25.9	10.35	39.94	6.8～42.5
速效钾（mg/kg）	14	160	63.13	39.36	108～273
缓效钾（mg/kg）	16	666	212.53	31.91	265～991
有效铜（mg/kg）	16	1.93	0.97	50.16	0.51～3.50
有效锌（mg/kg）	16	1.24	0.72	58.51	0.40～3.01
有效铁（mg/kg）	16	47.07	34.03	72.30	10.60～106.00
有效锰（mg/kg）	16	49.53	37.15	75.00	15.50～100.00
有效硼（mg/kg）	16	0.43	0.18	41.62	0.18～0.88
有效钼（mg/kg）	16	0.210	0.08	39.65	0.045～0.380
有效硫（mg/kg）	16	15.67	7.42	47.33	5.00～24.80
有效硅（mg/kg）	10	242.28	114.00	47.05	95.71～482.51

耕层质地

砂土		砂壤土		轻壤土		中壤土		重壤土		黏土	
样本数	占比（%）	样本数	占比（%）	样本数	占比（%）	样本数	占比（%）	样本数	占比（%）	样本数	占比（%）
1	6.25	0	0.00	1	6.25	5	31.25	0	0.00	9	56.25

土壤 pH

≤4.5		(4.5～5.5]		(5.5～6.5]		(6.5～7.5]		(7.5～8.5]		>8.5	
样本数	占比（%）	样本数	占比（%）	样本数	占比（%）	样本数	占比（%）	样本数	占比（%）	样本数	占比（%）
0	0.00	1	6.25	8	50.00	3	18.75	4	25.00	0	0.00

黄棕壤—黄棕壤性土—泥质黄棕壤性土耕地土壤主要理化性状

项目名称	样本数（个）	平均值	标准差	变异系数（%）	范　围
有效土层厚度（cm）	2	100.0	0.00	0.00	100.0～100.0
耕层厚度（cm）	2	20.0	0.00	0.00	20.0～20.0
耕层容重（g/cm^3）	2	1.27	0.15	11.65	1.17～1.38
有机质（g/kg）	2	18.1	2.35	13.03	16.4～19.7
全氮（g/kg）	2	1.175	0.05	4.21	1.140～1.210
有效磷（mg/kg）	2	27.5	5.08	18.46	23.9～31.1
速效钾（mg/kg）	2	123	21.57	17.50	108～139
缓效钾（mg/kg）	2	542	184.06	33.95	412～672
有效铜（mg/kg）	2	2.32	1.10	47.55	1.54～3.10
有效锌（mg/kg）	2	1.10	0.56	51.02	0.70～1.49
有效铁（mg/kg）	2	52.49	58.70	111.84	10.98～94.00
有效锰（mg/kg）	2	57.90	59.54	102.83	15.80～100.00
有效硼（mg/kg）	2	0.40	0.08	21.21	0.34～0.46
有效钼（mg/kg）	2	0.160	0.10	61.87	0.090～0.230
有效硫（mg/kg）	2	11.20	5.52	49.24	7.30～15.10
有效硅（mg/kg）	1	189.37	—	—	—

耕层质地

砂土		砂壤土		轻壤土		中壤土		重壤土		黏土	
样本数	占比（%）	样本数	占比（%）	样本数	占比（%）	样本数	占比（%）	样本数	占比（%）	样本数	占比（%）
0	0.00	0	0.00	0	0.00	0	0.00	1	50.00	1	50.00

土壤 pH

≤4.5		(4.5～5.5]		(5.5～6.5]		(6.5～7.5]		(7.5～8.5]		>8.5	
样本数	占比（%）	样本数	占比（%）	样本数	占比（%）	样本数	占比（%）	样本数	占比（%）	样本数	占比（%）
0	0.00	1	50.00	1	50.00	0	0.00	0	0.00	0	0.00

黄褐土—典型黄褐土—黄土质黄褐土耕地土壤主要理化性状

项目名称	样本数（个）	平均值	标准差	变异系数（%）	范　围
有效土层厚度（cm）	139	90.5	17.08	18.87	60.0～100.0
耕层厚度（cm）	170	20.0	0.22	1.08	20.0～22.0
耕层容重（g/cm^3）	163	1.47	0.12	8.18	1.18～1.62
有机质（g/kg）	161	18.4	4.65	25.24	8.3～30.3
全氮（g/kg）	168	1.053	0.30	28.07	0.330～1.890
有效磷（mg/kg）	170	24.6	16.26	66.11	3.0～90.7
速效钾（mg/kg）	167	121	45.04	37.16	59～284
缓效钾（mg/kg）	170	630	208.89	33.18	108～1 204
有效铜（mg/kg）	135	1.87	0.61	32.42	0.47～4.45
有效锌（mg/kg）	134	1.56	0.55	35.04	0.36～3.19
有效铁（mg/kg）	96	65.90	25.45	38.62	9.60～113.60
有效锰（mg/kg）	135	64.15	21.72	33.85	23.00～100.00
有效硼（mg/kg）	135	0.58	0.33	56.90	0.13～1.84
有效钼（mg/kg）	128	0.121	0.07	55.71	0.040～0.360
有效硫（mg/kg）	135	19.33	9.85	50.96	5.00～52.50
有效硅（mg/kg）	64	248.01	85.14	34.33	93.00～422.65

耕层质地

砂土		砂壤土		轻壤土		中壤土		重壤土		黏土	
样本数	占比（%）	样本数	占比（%）	样本数	占比（%）	样本数	占比（%）	样本数	占比（%）	样本数	占比（%）
0	0.00	6	3.53	8	4.71	38	22.35	82	48.24	36	21.18

土壤 pH

≤4.5		(4.5～5.5]		(5.5～6.5]		(6.5～7.5]		(7.5～8.5]		>8.5	
样本数	占比（%）	样本数	占比（%）	样本数	占比（%）	样本数	占比（%）	样本数	占比（%）	样本数	占比（%）
7	4.12	78	45.88	45	26.47	25	14.71	15	8.82	0	0.00

黄褐土—典型黄褐土—泥砂质黄褐土耕地土壤主要理化性状

项目名称	样本数（个）	平均值	标准差	变异系数（%）	范　围
有效土层厚度（cm）	487	97.1	10.34	10.65	60.0～100.0
耕层厚度（cm）	488	20.0	0.00	0.00	20.0～20.0
耕层容重（g/cm^3）	458	1.40	0.09	6.57	1.20～1.59
有机质（g/kg）	475	17.8	4.28	23.99	7.7～30.5
全氮（g/kg）	487	0.991	0.23	23.48	0.310～1.890
有效磷（mg/kg）	488	23.8	12.91	54.21	4.4～98.0
速效钾（mg/kg）	484	115	39.21	34.07	59～400
缓效钾（mg/kg）	486	573	170.97	29.83	160～1 330
有效铜（mg/kg）	386	1.96	0.76	38.68	0.59～5.49
有效锌（mg/kg）	372	1.53	0.85	55.74	0.32～6.23
有效铁（mg/kg）	332	60.48	23.97	39.63	8.80～114.33
有效锰（mg/kg）	383	59.72	27.66	46.32	1.97～100.00
有效硼（mg/kg）	373	0.53	0.28	51.47	0.14～1.81
有效钼（mg/kg）	353	0.127	0.09	67.16	0.040～0.530
有效硫（mg/kg）	377	19.78	15.45	78.10	5.00～144.93
有效硅（mg/kg）	123	212.85	81.02	38.06	58.50～498.00

耕层质地

砂土		砂壤土		轻壤土		中壤土		重壤土		黏土	
样本数	占比（%）	样本数	占比（%）	样本数	占比（%）	样本数	占比（%）	样本数	占比（%）	样本数	占比（%）
1	0.20	4	0.82	41	8.40	409	83.81	27	5.53	6	1.23

土壤 pH

≤4.5		(4.5～5.5]		(5.5～6.5]		(6.5～7.5]		(7.5～8.5]		>8.5	
样本数	占比（%）	样本数	占比（%）	样本数	占比（%）	样本数	占比（%）	样本数	占比（%）	样本数	占比（%）
11	2.25	272	55.74	166	34.02	30	6.15	9	1.84	0	0.00

黄褐土—黏盘黄褐土—黄土质黏盘黄褐土耕地土壤主要理化性状

项目名称	样本数（个）	平均值	标准差	变异系数（%）	范　围
有效土层厚度（cm）	107	100.0	0.00	0.00	100.0～100.0
耕层厚度（cm）	107	20.0	0.19	0.97	20.0～22.0
耕层容重（g/cm^3）	107	1.32	0.08	6.08	1.16～1.50
有机质（g/kg）	103	19.5	4.19	21.47	10.5～29.3
全氮（g/kg）	107	1.199	0.21	17.53	0.600～1.800
有效磷（mg/kg）	107	24.1	10.77	44.65	3.3～56.0
速效钾（mg/kg）	106	143	42.75	29.91	71～268
缓效钾（mg/kg）	107	485	197.08	40.65	100～922
有效铜（mg/kg）	103	2.22	0.85	38.20	0.62～6.15
有效锌（mg/kg）	106	1.41	1.02	72.47	0.39～5.69
有效铁（mg/kg）	107	43.61	30.24	69.35	5.06～102.51
有效锰（mg/kg）	107	55.05	34.78	63.18	8.78～100.00
有效硼（mg/kg）	106	0.53	0.29	54.43	0.12～1.81
有效钼（mg/kg）	103	0.215	0.10	45.12	0.050～0.660
有效硫（mg/kg）	107	21.14	11.11	52.55	5.93～74.72
有效硅（mg/kg）	99	298.78	160.31	53.66	51.31～563.06

耕层质地

砂土		砂壤土		轻壤土		中壤土		重壤土		黏土	
样本数	占比（%）	样本数	占比（%）	样本数	占比（%）	样本数	占比（%）	样本数	占比（%）	样本数	占比（%）
0	0.00	0	0.00	2	1.87	71	66.36	5	4.67	29	27.10

土壤 pH

≤4.5		(4.5～5.5]		(5.5～6.5]		(6.5～7.5]		(7.5～8.5]		>8.5	
样本数	占比（%）	样本数	占比（%）	样本数	占比（%）	样本数	占比（%）	样本数	占比（%）	样本数	占比（%）
0	0.00	45	42.06	26	24.30	22	20.56	14	13.08	0	0.00

黄褐土—白浆化黄褐土—黄土质白浆化黄褐土耕地土壤主要理化性状

项目名称	样本数（个）	平均值	标准差	变异系数（%）	范　围
有效土层厚度（cm）	104	100.0	0.00	0.00	100.0～100.0
耕层厚度（cm）	104	20.0	0.00	0.00	20.0～20.0
耕层容重（g/cm³）	104	1.42	0.11	7.99	1.19～1.59
有机质（g/kg）	104	16.3	3.24	19.87	9.5～27.0
全氮（g/kg）	104	0.970	0.19	19.37	0.680～1.680
有效磷（mg/kg）	104	22.3	11.38	51.01	7.0～63.5
速效钾（mg/kg）	103	108	36.09	33.54	58～232
缓效钾（mg/kg）	104	552	180.50	32.72	108～1 272
有效铜（mg/kg）	65	1.98	0.59	30.02	0.69～3.89
有效锌（mg/kg）	66	1.53	0.62	40.51	0.33～3.56
有效铁（mg/kg）	52	55.62	28.04	50.41	8.53～113.20
有效锰（mg/kg）	66	60.60	27.93	46.09	5.67～100.00
有效硼（mg/kg）	66	0.48	0.24	50.03	0.12～1.44
有效钼（mg/kg）	59	0.132	0.11	79.90	0.042～0.650
有效硫（mg/kg）	62	25.89	13.96	53.91	7.55～60.35
有效硅（mg/kg）	21	256.70	142.35	55.45	67.60～509.51

耕层质地

砂土		砂壤土		轻壤土		中壤土		重壤土		黏土	
样本数	占比（%）	样本数	占比（%）	样本数	占比（%）	样本数	占比（%）	样本数	占比（%）	样本数	占比（%）
0	0.00	1	0.96	12	11.54	84	80.77	6	5.77	1	0.96

土壤 pH

≤4.5		(4.5～5.5]		(5.5～6.5]		(6.5～7.5]		(7.5～8.5]		>8.5	
样本数	占比（%）	样本数	占比（%）	样本数	占比（%）	样本数	占比（%）	样本数	占比（%）	样本数	占比（%）
0	0.00	50	48.08	42	40.38	10	9.62	2	1.92	0	0.00

黄褐土—黄褐土性土—黄土质黄褐土性土耕地土壤主要理化性状

项目名称	样本数（个）	平均值	标准差	变异系数（%）	范　围
有效土层厚度（cm）	2	100.0	0.00	0.00	100.0～100.0
耕层厚度（cm）	2	20.0	0.00	0.00	20.0～20.0
耕层容重（g/cm^3）	2	1.44	0.01	0.98	1.43～1.45
有机质（g/kg）	2	23.9	2.19	9.19	22.3～25.4
全氮（g/kg）	2	1.395	0.02	1.52	1.380～1.410
有效磷（mg/kg）	2	18.3	19.30	105.78	4.6～31.9
速效钾（mg/kg）	2	142	55.15	38.84	103～181
缓效钾（mg/kg）	2	1 152	143.54	12.47	1 050～1 253
有效铜（mg/kg）	2	2.08	0.21	9.88	1.93～2.22
有效锌（mg/kg）	2	1.60	0.26	16.40	1.41～1.78
有效铁（mg/kg）	2	42.95	20.86	48.57	28.20～57.70
有效锰（mg/kg）	2	69.45	17.04	24.54	57.40～81.50
有效硼（mg/kg）	1	0.27	—	—	—
有效钼（mg/kg）	2	0.130	0.13	97.91	0.040～0.220
有效硫（mg/kg）	2	20.65	2.19	10.62	19.10～22.20
有效硅（mg/kg）	2	131.70	19.90	15.11	117.63～145.77

耕层质地

砂土		砂壤土		轻壤土		中壤土		重壤土		黏土	
样本数	占比（%）	样本数	占比（%）	样本数	占比（%）	样本数	占比（%）	样本数	占比（%）	样本数	占比（%）
0	0.00	0	0.00	2	100.00	0	0.00	0	0.00	0	0.00

土壤 pH

≤4.5		(4.5～5.5]		(5.5～6.5]		(6.5～7.5]		(7.5～8.5]		>8.5	
样本数	占比（%）	样本数	占比（%）	样本数	占比（%）	样本数	占比（%）	样本数	占比（%）	样本数	占比（%）
0	0.00	1	50.00	1	50.00	0	0.00	0	0.00	0	0.00

棕壤—典型棕壤—黄土质棕壤耕地土壤主要理化性状

项目名称	样本数（个）	平均值	标准差	变异系数（%）	范　围
有效土层厚度（cm）	72	99.4	4.71	4.74	60.0～100.0
耕层厚度（cm）	72	20.0	0.00	0.00	20.0～20.0
耕层容重（g/cm^3）	72	1.47	0.03	2.16	1.30～1.48
有机质（g/kg）	65	12.1	3.49	28.91	8.0～27.0
全氮（g/kg）	10	0.870	0.28	31.60	0.510～1.320
有效磷（mg/kg）	72	4.7	6.23	131.48	3.0～36.0
速效钾（mg/kg）	54	118	71.77	61.05	60～400
缓效钾（mg/kg）	72	134	118.70	88.86	100～782
有效铜（mg/kg）	10	1.38	0.47	34.29	0.80～2.10
有效锌（mg/kg）	10	1.22	0.80	65.61	0.40～3.09
有效铁（mg/kg）	9	61.62	19.56	31.74	36.20～95.10
有效锰（mg/kg）	10	38.21	18.87	49.38	8.10～73.20
有效硼（mg/kg）	10	0.33	0.11	34.63	0.16～0.56
有效钼（mg/kg）	10	0.166	0.06	35.49	0.080～0.300
有效硫（mg/kg）	10	29.44	17.75	60.29	7.10～59.20
有效硅（mg/kg）	10	107.83	47.27	43.84	60.00～175.05

耕层质地

砂土		砂壤土		轻壤土		中壤土		重壤土		黏土	
样本数	占比（%）	样本数	占比（%）	样本数	占比（%）	样本数	占比（%）	样本数	占比（%）	样本数	占比（%）
0	0.00	51	70.83	19	26.39	0	0.00	0	0.00	2	2.78

土壤 pH

≤4.5		(4.5～5.5]		(5.5～6.5]		(6.5～7.5]		(7.5～8.5]		>8.5	
样本数	占比（%）	样本数	占比（%）	样本数	占比（%）	样本数	占比（%）	样本数	占比（%）	样本数	占比（%）
2	2.78	33	45.83	29	40.28	8	11.11	0	0.00	0	0.00

棕壤—典型棕壤—泥砂质棕壤耕地土壤主要理化性状

项目名称	样本数（个）	平均值	标准差	变异系数（%）	范　围
有效土层厚度（cm）	645	81.6	19.95	24.43	60.0～100.0
耕层厚度（cm）	667	20.0	0.00	0.00	20.0～20.0
耕层容重（g/cm^3）	480	1.39	0.09	6.68	1.16～1.62
有机质（g/kg）	635	14.6	4.71	32.28	7.5～30.6
全氮（g/kg）	466	0.996	0.31	30.69	0.167～1.870
有效磷（mg/kg）	636	20.7	24.78	119.84	3.0～110.7
速效钾（mg/kg）	616	158	83.25	52.84	58～400
缓效钾（mg/kg）	464	378	284.54	75.37	100～1 360
有效铜（mg/kg）	306	2.06	1.08	52.51	0.53～5.88
有效锌（mg/kg）	316	2.04	1.46	71.52	0.36～7.31
有效铁（mg/kg）	307	50.90	30.94	60.80	3.08～113.00
有效锰（mg/kg）	339	36.19	28.31	78.23	1.58～100.00
有效硼（mg/kg）	314	0.47	0.34	72.54	0.12～2.07
有效钼（mg/kg）	326	0.171	0.09	53.85	0.040～0.660
有效硫（mg/kg）	343	29.91	21.10	70.56	5.00～127.50
有效硅（mg/kg）	323	156.37	92.59	59.21	47.22～539.66

耕层质地

砂土		砂壤土		轻壤土		中壤土		重壤土		黏土	
样本数	占比（%）	样本数	占比（%）	样本数	占比（%）	样本数	占比（%）	样本数	占比（%）	样本数	占比（%）
31	4.65	255	38.23	267	40.03	77	11.54	12	1.80	25	3.75

土壤 pH

≤4.5		(4.5～5.5]		(5.5～6.5]		(6.5～7.5]		(7.5～8.5]		>8.5	
样本数	占比（%）	样本数	占比（%）	样本数	占比（%）	样本数	占比（%）	样本数	占比（%）	样本数	占比（%）
27	4.05	256	38.38	244	36.58	109	16.34	31	4.65	0	0.00

棕壤—典型棕壤—麻砂质棕壤耕地土壤主要理化性状

项目名称	样本数（个）	平均值	标准差	变异系数（%）	范围
有效土层厚度（cm）	304	89.3	17.71	19.83	60.0～100.0
耕层厚度（cm）	305	20.0	0.00	0.00	20.0～20.0
耕层容重（g/cm^3）	218	1.43	0.09	5.99	1.19～1.62
有机质（g/kg）	279	13.5	4.07	30.15	7.5～30.0
全氮（g/kg）	299	0.909	0.36	39.80	0.270～1.877
有效磷（mg/kg）	298	33.3	27.44	82.41	3.0～110.6
速效钾（mg/kg）	288	151	79.08	52.35	59～400
缓效钾（mg/kg）	279	428	299.94	70.13	100～1 290
有效铜（mg/kg）	107	2.15	1.20	55.54	0.47～6.15
有效锌（mg/kg）	105	2.06	1.65	80.34	0.35～7.44
有效铁（mg/kg）	104	44.94	30.26	67.34	2.90～112.89
有效锰（mg/kg）	117	30.34	23.91	78.80	1.80～100.00
有效硼（mg/kg）	111	0.49	0.40	81.19	0.12～1.87
有效钼（mg/kg）	116	0.210	0.11	52.17	0.050～0.630
有效硫（mg/kg）	114	34.81	20.87	59.95	6.87～119.30
有效硅（mg/kg）	103	180.85	113.83	62.95	49.30～519.16

耕层质地

砂土		砂壤土		轻壤土		中壤土		重壤土		黏土	
样本数	占比（%）	样本数	占比（%）	样本数	占比（%）	样本数	占比（%）	样本数	占比（%）	样本数	占比（%）
3	0.98	81	26.56	69	22.62	61	20.00	59	19.34	32	10.49

土壤 pH

≤4.5		(4.5～5.5]		(5.5～6.5]		(6.5～7.5]		(7.5～8.5]		>8.5	
样本数	占比（%）	样本数	占比（%）	样本数	占比（%）	样本数	占比（%）	样本数	占比（%）	样本数	占比（%）
6	1.97	94	30.82	105	34.43	76	24.92	23	7.54	1	0.33

棕壤—典型棕壤—硅质棕壤耕地土壤主要理化性状

项目名称	样本数（个）	平均值	标准差	变异系数（%）	范围
有效土层厚度（cm）	41	92.2	16.05	17.41	60.0～100.0
耕层厚度（cm）	42	20.0	0.00	0.00	20.0～20.0
耕层容重（g/cm^3）	42	1.43	0.07	4.84	1.25～1.48
有机质（g/kg）	40	15.5	5.00	32.29	9.0～30.0
全氮（g/kg）	22	1.142	0.31	26.84	0.540～1.660
有效磷（mg/kg）	42	19.4	28.18	145.19	3.0～98.2
速效钾（mg/kg）	39	169	71.26	42.10	60～400
缓效钾（mg/kg）	37	238	241.76	101.51	100～1 310
有效铜（mg/kg）	18	2.68	0.87	32.46	1.13～3.82
有效锌（mg/kg）	18	2.03	1.11	54.82	0.45～3.60
有效铁（mg/kg）	18	31.79	20.97	65.97	11.00～108.00
有效锰（mg/kg）	18	41.79	29.61	70.85	2.20～85.90
有效硼（mg/kg）	18	0.48	0.21	44.72	0.13～0.94
有效钼（mg/kg）	18	0.137	0.07	51.15	0.040～0.260
有效硫（mg/kg）	18	18.82	7.26	38.59	5.40～32.20
有效硅（mg/kg）	14	118.42	48.12	40.64	72.28～208.65

耕层质地

砂土		砂壤土		轻壤土		中壤土		重壤土		黏土	
样本数	占比（%）	样本数	占比（%）	样本数	占比（%）	样本数	占比（%）	样本数	占比（%）	样本数	占比（%）
2	4.76	5	11.90	20	47.62	10	23.81	4	9.52	1	2.38

土壤 pH

≤4.5		(4.5～5.5]		(5.5～6.5]		(6.5～7.5]		(7.5～8.5]		>8.5	
样本数	占比（%）	样本数	占比（%）	样本数	占比（%）	样本数	占比（%）	样本数	占比（%）	样本数	占比（%）
3	7.14	10	23.81	17	40.48	11	26.19	1	2.38	0	0.00

棕壤—典型棕壤—砂泥质棕壤耕地土壤主要理化性状

项目名称	样本数（个）	平均值	标准差	变异系数（%）	范　围
有效土层厚度（cm）	2	80.0	28.28	35.36	60.0～100.0
耕层厚度（cm）	2	20.0	0.00	0.00	20.0～20.0
耕层容重（g/cm^3）	2	1.44	0.06	3.93	1.40～1.48
有机质（g/kg）	2	10.0	2.18	21.95	8.4～11.5
全氮（g/kg）	2	0.680	0.08	12.48	0.620～0.740
有效磷（mg/kg）	2	22.7	15.56	68.53	11.7～33.7
速效钾（mg/kg）	2	132	19.09	14.52	118～145
缓效钾（mg/kg）	2	283	24.04	8.50	266～300
有效铜（mg/kg）	1	0.54	—	—	—
有效锌（mg/kg）	1	0.85	—	—	—
有效铁（mg/kg）	1	11.30	—	—	—
有效锰（mg/kg）	1	18.80	—	—	—
有效硼（mg/kg）	1	0.32	—	—	—
有效钼（mg/kg）	1	0.390	—	—	—
有效硫（mg/kg）	1	43.50	—	—	—
有效硅（mg/kg）	1	71.20	—	—	—

耕层质地

砂土		砂壤土		轻壤土		中壤土		重壤土		黏土	
样本数	占比（%）	样本数	占比（%）	样本数	占比（%）	样本数	占比（%）	样本数	占比（%）	样本数	占比（%）
0	0.00	2	100.00	0	0.00	0	0.00	0	0.00	0	0.00

土壤 pH

≤4.5		(4.5～5.5]		(5.5～6.5]		(6.5～7.5]		(7.5～8.5]		>8.5	
样本数	占比（%）	样本数	占比（%）	样本数	占比（%）	样本数	占比（%）	样本数	占比（%）	样本数	占比（%）
0	0.00	1	50.00	0	0.00	1	50.00	0	0.00	0	0.00

棕壤—典型棕壤—泥质棕壤耕地土壤主要理化性状

项目名称	样本数（个）	平均值	标准差	变异系数（%）	范　围
有效土层厚度（cm）	15	97.3	10.33	10.61	60.0～100.0
耕层厚度（cm）	17	20.0	0.00	0.00	20.0～20.0
耕层容重（g/cm³）	17	1.36	0.07	4.82	1.27～1.47
有机质（g/kg）	16	15.0	5.41	35.99	9.1～24.6
全氮（g/kg）	17	1.036	0.28	27.22	0.550～1.480
有效磷（mg/kg）	17	11.5	7.70	66.97	3.0～27.3
速效钾（mg/kg）	16	154	27.20	17.63	108～186
缓效钾（mg/kg）	17	252	138.32	54.82	100～698
有效铜（mg/kg）	15	1.56	0.33	20.94	0.68～2.28
有效锌（mg/kg）	15	0.88	0.19	21.25	0.46～1.23
有效铁（mg/kg）	15	35.16	6.40	18.20	26.12～49.84
有效锰（mg/kg）	15	25.62	3.66	14.30	20.12～30.83
有效硼（mg/kg）	15	0.81	0.22	26.87	0.35～1.13
有效钼（mg/kg）	15	0.243	0.07	29.70	0.110～0.360
有效硫（mg/kg）	15	22.20	7.04	31.71	10.94～32.25
有效硅（mg/kg）	14	195.14	137.66	70.55	53.43～512.83

耕层质地

砂土		砂壤土		轻壤土		中壤土		重壤土		黏土	
样本数	占比（%）	样本数	占比（%）	样本数	占比（%）	样本数	占比（%）	样本数	占比（%）	样本数	占比（%）
0	0.00	3	17.65	1	5.88	2	11.76	11	64.71	0	0.00

土壤 pH

≤4.5		(4.5～5.5]		(5.5～6.5]		(6.5～7.5]		(7.5～8.5]		>8.5	
样本数	占比（%）	样本数	占比（%）	样本数	占比（%）	样本数	占比（%）	样本数	占比（%）	样本数	占比（%）
0	0.00	1	5.88	8	47.06	2	11.76	5	29.41	1	5.88

棕壤—白浆化棕壤—麻砂质白浆化棕壤耕地土壤主要理化性状

项目名称	样本数（个）	平均值	标准差	变异系数（%）	范　围
有效土层厚度（cm）	15	70.7	18.31	25.91	60.0～100.0
耕层厚度（cm）	15	20.0	0.00	0.00	20.0～20.0
耕层容重（g/cm^3）	4	1.56	0.05	3.33	1.48～1.59
有机质（g/kg）	14	18.9	5.02	26.52	11.3～26.4
全氮（g/kg）	15	1.247	0.30	23.66	0.600～1.600
有效磷（mg/kg）	15	50.6	18.10	35.76	25.7～79.9
速效钾（mg/kg）	15	161	77.28	48.05	64～339
缓效钾（mg/kg）	15	364	150.34	41.28	165～797
有效铜（mg/kg）	10	1.33	0.54	40.64	0.70～2.64
有效锌（mg/kg）	9	1.71	1.65	97.01	0.73～5.51
有效铁（mg/kg）	9	32.07	30.31	94.49	6.92～102.00
有效锰（mg/kg）	10	29.32	23.40	79.79	9.83～79.60
有效硼（mg/kg）	7	0.67	0.57	86.25	0.12～1.68
有效钼（mg/kg）	10	0.163	0.05	32.60	0.090～0.220
有效硫（mg/kg）	10	19.43	6.64	34.17	7.96～28.76
有效硅（mg/kg）	10	151.47	49.81	32.89	65.20～204.78

耕层质地

砂土		砂壤土		轻壤土		中壤土		重壤土		黏土	
样本数	占比（%）	样本数	占比（%）	样本数	占比（%）	样本数	占比（%）	样本数	占比（%）	样本数	占比（%）
4	26.67	1	6.67	10	66.67	0	0.00	0	0.00	0	0.00

土壤 pH

≤4.5		(4.5～5.5]		(5.5～6.5]		(6.5～7.5]		(7.5～8.5]		>8.5	
样本数	占比（%）	样本数	占比（%）	样本数	占比（%）	样本数	占比（%）	样本数	占比（%）	样本数	占比（%）
1	6.67	9	60.00	4	26.67	1	6.67	0	0.00	0	0.00

棕壤—白浆化棕壤—泥质白浆化棕壤耕地土壤主要理化性状

项目名称	样本数（个）	平均值	标准差	变异系数（%）	范　围
有效土层厚度（cm）	10	100.0	0.00	0.00	100.0～100.0
耕层厚度（cm）	21	20.0	0.00	0.00	20.0～20.0
耕层容重（g/cm^3）	21	1.43	0.06	4.08	1.30～1.50
有机质（g/kg）	19	15.2	5.88	38.81	7.6～30.0
全氮（g/kg）	20	1.037	0.31	30.23	0.594～1.630
有效磷（mg/kg）	20	27.6	29.33	106.10	3.0～80.1
速效钾（mg/kg）	13	122	65.32	53.57	60～284
缓效钾（mg/kg）	21	241	210.59	87.38	100～878
有效铜（mg/kg）	11	1.74	0.82	47.12	0.86～3.37
有效锌（mg/kg）	10	1.98	1.73	87.17	0.57～6.21
有效铁（mg/kg）	9	78.64	27.27	34.68	32.30～107.10
有效锰（mg/kg）	11	56.01	28.72	51.28	25.00～100.00
有效硼（mg/kg）	11	0.46	0.26	56.98	0.12～0.78
有效钼（mg/kg）	10	0.169	0.06	36.74	0.110～0.280
有效硫（mg/kg）	11	21.88	8.97	41.01	8.10～32.30
有效硅（mg/kg）	11	71.67	10.85	15.14	55.82～83.90

耕层质地

砂土		砂壤土		轻壤土		中壤土		重壤土		黏土	
样本数	占比（%）	样本数	占比（%）	样本数	占比（%）	样本数	占比（%）	样本数	占比（%）	样本数	占比（%）
0	0.00	18	85.71	0	0.00	2	9.52	1	4.76	0	0.00

土壤 pH

≤4.5		(4.5～5.5]		(5.5～6.5]		(6.5～7.5]		(7.5～8.5]		>8.5	
样本数	占比（%）	样本数	占比（%）	样本数	占比（%）	样本数	占比（%）	样本数	占比（%）	样本数	占比（%）
1	4.76	10	47.62	7	33.33	2	9.52	1	4.76	0	0.00

棕壤—潮棕壤—泥砂质潮棕壤耕地土壤主要理化性状

项目名称	样本数（个）	平均值	标准差	变异系数（%）	范　围
有效土层厚度（cm）	290	83.6	19.71	23.58	60.0～100.0
耕层厚度（cm）	290	20.0	0.00	0.00	20.0～20.0
耕层容重（g/cm³）	206	1.41	0.11	7.62	1.16～1.62
有机质（g/kg）	269	14.8	4.58	30.93	7.5～30.2
全氮（g/kg）	204	1.070	0.30	28.08	0.364～1.860
有效磷（mg/kg）	276	22.7	28.27	124.66	3.0～110.7
速效钾（mg/kg）	269	144	72.64	50.54	58～400
缓效钾（mg/kg）	203	376	309.75	82.31	100～1 321
有效铜（mg/kg）	110	1.95	1.09	55.81	0.44～5.88
有效锌（mg/kg）	117	2.04	1.62	79.61	0.34～6.79
有效铁（mg/kg）	106	42.27	29.11	68.86	3.65～106.00
有效锰（mg/kg）	126	34.25	28.53	83.30	1.60～100.00
有效硼（mg/kg）	112	0.49	0.36	74.08	0.12～1.96
有效钼（mg/kg）	121	0.150	0.07	47.64	0.040～0.430
有效硫（mg/kg）	124	27.63	18.61	67.37	5.00～117.00
有效硅（mg/kg）	120	151.67	82.77	54.58	47.80～400.58

耕层质地

砂土		砂壤土		轻壤土		中壤土		重壤土		黏土	
样本数	占比（%）	样本数	占比（%）	样本数	占比（%）	样本数	占比（%）	样本数	占比（%）	样本数	占比（%）
9	3.10	48	16.55	163	56.21	63	21.72	4	1.38	3	1.03

土壤 pH

≤4.5		(4.5～5.5]		(5.5～6.5]		(6.5～7.5]		(7.5～8.5]		>8.5	
样本数	占比（%）	样本数	占比（%）	样本数	占比（%）	样本数	占比（%）	样本数	占比（%）	样本数	占比（%）
16	5.52	104	35.86	89	30.69	65	22.41	16	5.52	0	0.00

棕壤—棕壤性土—泥砂质棕壤性土耕地土壤主要理化性状

项目名称	样本数（个）	平均值	标准差	变异系数（%）	范 围
有效土层厚度（cm）	60	90.7	17.06	18.82	60.0～100.0
耕层厚度（cm）	71	20.0	0.00	0.00	20.0～20.0
耕层容重（g/cm^3）	29	1.39	0.07	5.06	1.26～1.59
有机质（g/kg）	67	13.8	3.44	24.91	8.6～23.7
全氮（g/kg）	69	0.946	0.25	26.89	0.520～1.610
有效磷（mg/kg）	63	27.7	27.12	97.74	3.0～103.8
速效钾（mg/kg）	70	169	82.77	49.07	67～400
缓效钾（mg/kg）	70	390	246.32	63.20	100～1 084
有效铜（mg/kg）	47	2.09	1.27	60.71	0.57～6.04
有效锌（mg/kg）	46	1.71	1.38	81.13	0.35～7.13
有效铁（mg/kg）	52	55.00	30.59	55.62	5.99～113.07
有效锰（mg/kg）	54	39.62	21.92	55.31	3.10～100.00
有效硼（mg/kg）	50	0.43	0.27	63.61	0.12～1.13
有效钼（mg/kg）	53	0.167	0.06	36.73	0.070～0.330
有效硫（mg/kg）	54	33.92	27.21	80.20	5.00～119.86
有效硅（mg/kg）	52	150.67	75.80	50.30	49.90～400.67

耕层质地

砂土		砂壤土		轻壤土		中壤土		重壤土		黏土	
样本数	占比（%）	样本数	占比（%）	样本数	占比（%）	样本数	占比（%）	样本数	占比（%）	样本数	占比（%）
1	1.41	38	53.52	15	21.13	11	15.49	0	0.00	6	8.45

土壤 pH

≤4.5		(4.5～5.5]		(5.5～6.5]		(6.5～7.5]		(7.5～8.5]		>8.5	
样本数	占比（%）	样本数	占比（%）	样本数	占比（%）	样本数	占比（%）	样本数	占比（%）	样本数	占比（%）
3	4.23	28	39.44	26	36.62	9	12.68	5	7.04	0	0.00

棕壤—棕壤性土—麻砂质棕壤性土耕地土壤主要理化性状

项目名称	样本数（个）	平均值	标准差	变异系数（%）	范　围
有效土层厚度（cm）	208	80.4	20.04	24.94	60.0～100.0
耕层厚度（cm）	252	20.0	0.00	0.00	20.0～20.0
耕层容重（g/cm^3）	196	1.40	0.11	7.76	1.19～1.62
有机质（g/kg）	229	13.1	4.39	33.47	7.4～29.6
全氮（g/kg）	224	0.893	0.32	36.37	0.260～1.880
有效磷（mg/kg）	242	18.2	22.07	121.39	3.0～105.8
速效钾（mg/kg）	214	137	73.13	53.44	58～400
缓效钾（mg/kg）	223	350	339.71	97.12	100～1 338
有效铜（mg/kg）	131	1.99	1.06	53.18	0.50～5.94
有效锌（mg/kg）	135	1.99	1.37	68.95	0.37～6.48
有效铁（mg/kg）	134	42.90	26.37	61.47	4.20～111.28
有效锰（mg/kg）	143	27.36	24.19	88.40	1.60～100.00
有效硼（mg/kg）	126	0.39	0.24	62.56	0.11～1.42
有效钼（mg/kg）	133	0.170	0.07	44.09	0.040～0.540
有效硫（mg/kg）	140	34.92	24.05	68.88	5.00～119.30
有效硅（mg/kg）	127	146.57	83.73	57.13	47.85～505.00

耕层质地

砂土		砂壤土		轻壤土		中壤土		重壤土		黏土	
样本数	占比（%）	样本数	占比（%）	样本数	占比（%）	样本数	占比（%）	样本数	占比（%）	样本数	占比（%）
77	30.56	117	46.43	21	8.33	24	9.52	3	1.19	10	3.97

土壤 pH

≤4.5		(4.5～5.5]		(5.5～6.5]		(6.5～7.5]		(7.5～8.5]		>8.5	
样本数	占比（%）	样本数	占比（%）	样本数	占比（%）	样本数	占比（%）	样本数	占比（%）	样本数	占比（%）
10	3.97	87	34.52	101	40.08	32	12.70	22	8.73	0	0.00

棕壤—棕壤性土—硅质棕壤性土耕地土壤主要理化性状

项目名称	样本数（个）	平均值	标准差	变异系数（%）	范 围
有效土层厚度（cm）	68	97.6	9.48	9.71	60.0～100.0
耕层厚度（cm）	69	20.0	0.00	0.00	20.0～20.0
耕层容重（g/cm³）	68	1.31	0.04	3.01	1.20～1.41
有机质（g/kg）	69	13.6	5.27	38.68	7.5～30.0
全氮（g/kg）	21	0.884	0.23	26.49	0.460～1.440
有效磷（mg/kg）	69	4.0	5.18	128.04	3.0～37.0
速效钾（mg/kg）	59	148	94.71	64.16	58～400
缓效钾（mg/kg）	22	164	207.09	126.52	100～1 040
有效铜（mg/kg）	13	1.82	1.28	70.53	0.51～5.60
有效锌（mg/kg）	15	2.54	2.07	81.44	0.57～7.17
有效铁（mg/kg）	11	51.19	26.36	51.50	15.70～87.90
有效锰（mg/kg）	15	29.41	19.37	65.88	4.00～58.08
有效硼（mg/kg）	15	0.41	0.17	42.13	0.25～0.98
有效钼（mg/kg）	14	0.146	0.10	67.00	0.040～0.370
有效硫（mg/kg）	15	45.12	32.02	70.97	10.00～106.84
有效硅（mg/kg）	12	121.93	89.41	73.33	61.86～388.36

耕层质地

砂土		砂壤土		轻壤土		中壤土		重壤土		黏土	
样本数	占比（%）	样本数	占比（%）	样本数	占比（%）	样本数	占比（%）	样本数	占比（%）	样本数	占比（%）
6	8.70	4	5.80	53	76.81	1	1.45	0	0.00	5	7.25

土壤 pH

≤4.5		(4.5～5.5]		(5.5～6.5]		(6.5～7.5]		(7.5～8.5]		>8.5	
样本数	占比（%）	样本数	占比（%）	样本数	占比（%）	样本数	占比（%）	样本数	占比（%）	样本数	占比（%）
7	10.14	31	44.93	20	28.99	9	13.04	2	2.90	0	0.00

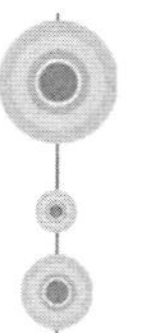

棕壤—棕壤性土—泥质棕壤性土耕地土壤主要理化性状

项目名称	样本数（个）	平均值	标准差	变异系数（%）	范　围
有效土层厚度（cm）	1	100.0	—	—	—
耕层厚度（cm）	1	20.0	—	—	—
耕层容重（g/cm³）	1	1.48	—	—	—
有机质（g/kg）	1	12.0	—	—	—
全氮（g/kg）	0	—	—	—	—
有效磷（mg/kg）	1	3.0	—	—	—
速效钾（mg/kg）	1	400	—	—	—
缓效钾（mg/kg）	1	100	—	—	—
有效铜（mg/kg）	0	—	—	—	—
有效锌（mg/kg）	0	—	—	—	—
有效铁（mg/kg）	0	—	—	—	—
有效锰（mg/kg）	0	—	—	—	—
有效硼（mg/kg）	0	—	—	—	—
有效钼（mg/kg）	0	—	—	—	—
有效硫（mg/kg）	0	—	—	—	—
有效硅（mg/kg）	0	—	—	—	—

耕层质地

砂土		砂壤土		轻壤土		中壤土		重壤土		黏土	
样本数	占比（%）	样本数	占比（%）	样本数	占比（%）	样本数	占比（%）	样本数	占比（%）	样本数	占比（%）
0	0.00	0	0.00	1	100.00	0	0.00	0	0.00	0	0.00

土壤 pH

≤4.5		(4.5～5.5]		(5.5～6.5]		(6.5～7.5]		(7.5～8.5]		>8.5	
样本数	占比（%）	样本数	占比（%）	样本数	占比（%）	样本数	占比（%）	样本数	占比（%）	样本数	占比（%）
0	0.00	0	0.00	1	100.00	0	0.00	0	0.00	0	0.00

褐土—典型褐土—黄土质褐土耕地土壤主要理化性状

项目名称	样本数（个）	平均值	标准差	变异系数（%）	范　围
有效土层厚度（cm）	314	98.3	7.98	8.12	60.0～100.0
耕层厚度（cm）	305	20.9	1.95	9.30	20.0～25.0
耕层容重（g/cm^3）	271	1.33	0.09	6.41	1.15～1.62
有机质（g/kg）	303	19.0	5.10	26.89	8.3～30.4
全氮（g/kg）	304	1.146	0.27	23.17	0.440～1.880
有效磷（mg/kg）	309	23.4	19.60	83.69	3.0～108.3
速效钾（mg/kg）	312	171	71.80	41.95	62～400
缓效钾（mg/kg）	312	688	228.83	33.27	100～1 341
有效铜（mg/kg）	189	1.54	0.82	53.28	0.43～4.82
有效锌（mg/kg）	198	1.85	1.27	68.95	0.43～7.26
有效铁（mg/kg）	202	19.95	17.65	88.45	2.95～95.00
有效锰（mg/kg）	203	16.45	17.31	105.21	1.75～100.00
有效硼（mg/kg）	195	0.52	0.30	57.58	0.12～1.96
有效钼（mg/kg）	188	0.142	0.08	54.25	0.040～0.580
有效硫（mg/kg）	196	30.43	20.39	66.99	5.00～141.80
有效硅（mg/kg）	191	215.71	88.09	40.84	50.42～540.00

耕层质地

砂土		砂壤土		轻壤土		中壤土		重壤土		黏土	
样本数	占比（%）	样本数	占比（%）	样本数	占比（%）	样本数	占比（%）	样本数	占比（%）	样本数	占比（%）
3	0.95	15	4.76	102	32.38	172	54.60	21	6.67	2	0.63

土壤 pH

≤4.5		(4.5～5.5]		(5.5～6.5]		(6.5～7.5]		(7.5～8.5]		>8.5	
样本数	占比（%）	样本数	占比（%）	样本数	占比（%）	样本数	占比（%）	样本数	占比（%）	样本数	占比（%）
0	0.00	8	2.54	31	9.84	35	11.11	240	76.19	1	0.32

褐土—典型褐土—泥砂质褐土耕地土壤主要理化性状

项目名称	样本数（个）	平均值	标准差	变异系数（%）	范　围
有效土层厚度（cm）	507	96.1	11.83	12.31	60.0～100.0
耕层厚度（cm）	496	20.1	0.55	2.73	20.0～25.0
耕层容重（g/cm^3）	382	1.36	0.09	6.94	1.15～1.62
有机质（g/kg）	496	19.4	5.69	29.26	7.6～30.6
全氮（g/kg）	492	1.190	0.28	23.39	0.147～1.870
有效磷（mg/kg）	487	24.5	22.62	92.24	3.0～105.1
速效钾（mg/kg）	504	193	81.91	42.49	58～400
缓效钾（mg/kg）	492	627	335.93	53.55	100～1 320
有效铜（mg/kg）	405	1.79	0.98	54.72	0.44～5.91
有效锌（mg/kg）	402	2.58	1.58	61.37	0.35～7.59
有效铁（mg/kg）	415	24.00	19.81	82.52	3.11～110.78
有效锰（mg/kg）	389	18.78	16.97	90.36	1.87～100.00
有效硼（mg/kg）	420	0.53	0.31	58.70	0.11～1.98
有效钼（mg/kg）	423	0.213	0.11	50.59	0.040～0.680
有效硫（mg/kg）	432	32.58	20.93	64.25	5.00～150.02
有效硅（mg/kg）	399	241.26	100.46	41.64	48.38～525.00

耕层质地

砂土		砂壤土		轻壤土		中壤土		重壤土		黏土	
样本数	占比（%）	样本数	占比（%）	样本数	占比（%）	样本数	占比（%）	样本数	占比（%）	样本数	占比（%）
2	0.39	17	3.35	150	29.53	317	62.40	13	2.56	9	1.77

土壤 pH

≤4.5		(4.5～5.5]		(5.5～6.5]		(6.5～7.5]		(7.5～8.5]		>8.5	
样本数	占比（%）	样本数	占比（%）	样本数	占比（%）	样本数	占比（%）	样本数	占比（%）	样本数	占比（%）
1	0.20	16	3.15	36	7.09	116	22.83	334	65.75	5	0.98

褐土—典型褐土—灰泥质褐土耕地土壤主要理化性状

项目名称	样本数（个）	平均值	标准差	变异系数（%）	范　围
有效土层厚度（cm）	4	100.0	0.00	0.00	100.0～100.0
耕层厚度（cm）	4	20.0	0.00	0.00	20.0～20.0
耕层容重（g/cm^3）	4	1.38	0.09	6.69	1.28～1.49
有机质（g/kg）	4	13.4	3.80	28.48	7.8～16.1
全氮（g/kg）	4	0.808	0.19	22.94	0.606～1.046
有效磷（mg/kg）	4	16.6	6.65	39.99	10.7～23.2
速效钾（mg/kg）	4	104	40.40	38.84	64～160
缓效钾（mg/kg）	4	634	362.31	57.19	100～901
有效铜（mg/kg）	4	1.66	0.51	30.52	1.11～2.21
有效锌（mg/kg）	4	1.85	0.90	48.50	0.93～2.92
有效铁（mg/kg）	4	18.78	12.74	67.85	6.10～33.23
有效锰（mg/kg）	4	11.50	3.59	31.20	6.90～15.26
有效硼（mg/kg）	4	0.43	0.19	45.01	0.22～0.68
有效钼（mg/kg）	4	0.193	0.09	47.68	0.140～0.330
有效硫（mg/kg）	4	53.18	64.76	121.78	12.47～148.90
有效硅（mg/kg）	4	211.38	121.02	57.25	117.50～388.75

耕层质地

砂土		砂壤土		轻壤土		中壤土		重壤土		黏土	
样本数	占比（%）	样本数	占比（%）	样本数	占比（%）	样本数	占比（%）	样本数	占比（%）	样本数	占比（%）
0	0.00	2	50.00	1	25.00	1	25.00	0	0.00	0	0.00

土壤 pH

≤4.5		(4.5～5.5]		(5.5～6.5]		(6.5～7.5]		(7.5～8.5]		>8.5	
样本数	占比（%）	样本数	占比（%）	样本数	占比（%）	样本数	占比（%）	样本数	占比（%）	样本数	占比（%）
0	0.00	0	0.00	0	0.00	0	0.00	4	100.00	0	0.00

褐土—典型褐土—红土质褐土耕地土壤主要理化性状

项目名称	样本数（个）	平均值	标准差	变异系数（%）	范　围
有效土层厚度（cm）	12	100.0	0.00	0.00	100.0～100.0
耕层厚度（cm）	4	20.0	0.00	0.00	20.0～20.0
耕层容重（g/cm^3）	12	1.45	0.13	8.77	1.25～1.62
有机质（g/kg）	10	14.6	2.95	20.27	9.6～18.8
全氮（g/kg）	11	0.800	0.24	29.41	0.230～1.130
有效磷（mg/kg）	10	39.1	33.80	86.38	7.3～104.1
速效钾（mg/kg）	9	141	66.31	46.88	61～289
缓效钾（mg/kg）	10	819	167.84	20.48	552～1 064
有效铜（mg/kg）	11	1.36	0.89	65.44	0.45～3.29
有效锌（mg/kg）	7	2.91	2.13	73.25	1.11～6.28
有效铁（mg/kg）	8	14.72	11.40	77.42	2.95～31.58
有效锰（mg/kg）	5	9.93	7.80	78.55	2.39～22.53
有效硼（mg/kg）	12	0.55	0.32	57.45	0.12～0.90
有效钼（mg/kg）	7	0.469	0.25	54.04	0.080～0.680
有效硫（mg/kg）	12	9.54	5.66	59.33	5.00～24.51
有效硅（mg/kg）	12	253.66	88.06	34.71	125.76～503.00

耕层质地

砂土		砂壤土		轻壤土		中壤土		重壤土		黏土	
样本数	占比（%）	样本数	占比（%）	样本数	占比（%）	样本数	占比（%）	样本数	占比（%）	样本数	占比（%）
1	8.33	1	8.33	9	75.00	1	8.33	0	0.00	0	0.00

土壤 pH

≤4.5		(4.5～5.5]		(5.5～6.5]		(6.5～7.5]		(7.5～8.5]		>8.5	
样本数	占比（%）	样本数	占比（%）	样本数	占比（%）	样本数	占比（%）	样本数	占比（%）	样本数	占比（%）
0	0.00	0	0.00	0	0.00	6	50.00	6	50.00	0	0.00

褐土—石灰性褐土—黄土质石灰性褐土耕地土壤主要理化性状

项目名称	样本数（个）	平均值	标准差	变异系数（%）	范　围
有效土层厚度（cm）	235	97.6	9.49	9.72	60.0～100.0
耕层厚度（cm）	211	21.1	2.05	9.70	20.0～25.0
耕层容重（g/cm^3）	232	1.38	0.10	6.93	1.20～1.62
有机质（g/kg）	217	17.7	5.14	29.01	7.4～30.7
全氮（g/kg）	214	1.028	0.32	31.24	0.146～1.860
有效磷（mg/kg）	227	26.3	20.34	77.38	3.0～107.5
速效钾（mg/kg）	236	164	75.98	46.47	61～400
缓效钾（mg/kg）	232	838	210.97	25.17	100～1 360
有效铜（mg/kg）	215	1.40	0.73	52.00	0.44～5.96
有效锌（mg/kg）	209	2.35	1.44	61.27	0.49～7.24
有效铁（mg/kg）	208	15.64	9.77	62.49	3.14～78.62
有效锰（mg/kg）	202	14.89	8.79	59.01	1.56～70.19
有效硼（mg/kg）	207	0.65	0.39	60.39	0.12～2.06
有效钼（mg/kg）	201	0.249	0.15	59.63	0.050～0.660
有效硫（mg/kg）	216	24.13	18.08	74.94	5.00～83.40
有效硅（mg/kg）	218	226.57	76.70	33.85	48.00～552.50

耕层质地

砂土		砂壤土		轻壤土		中壤土		重壤土		黏土	
样本数	占比（%）	样本数	占比（%）	样本数	占比（%）	样本数	占比（%）	样本数	占比（%）	样本数	占比（%）
0	0.00	14	5.93	155	65.68	66	27.97	0	0.00	1	0.42

土壤 pH

≤4.5		(4.5～5.5]		(5.5～6.5]		(6.5～7.5]		(7.5～8.5]		>8.5	
样本数	占比（%）	样本数	占比（%）	样本数	占比（%）	样本数	占比（%）	样本数	占比（%）	样本数	占比（%）
0	0.00	1	0.42	4	1.69	16	6.78	203	86.02	12	5.08

褐土—石灰性褐土—泥砂质石灰性褐土耕地土壤主要理化性状

项目名称	样本数（个）	平均值	标准差	变异系数（%）	范　围
有效土层厚度（cm）	553	96.5	11.38	11.80	60.0～100.0
耕层厚度（cm）	575	20.6	1.43	6.96	20.0～25.0
耕层容重（g/cm^3）	513	1.37	0.10	7.35	1.15～1.62
有机质（g/kg）	557	19.8	5.03	25.39	7.4～30.7
全氮（g/kg）	558	1.156	0.33	28.91	0.142～1.890
有效磷（mg/kg）	574	25.5	19.39	76.16	3.0～103.4
速效钾（mg/kg）	575	152	69.15	45.64	59～400
缓效钾（mg/kg）	559	806	251.81	31.23	100～1 359
有效铜（mg/kg）	541	1.48	0.76	50.99	0.44～5.50
有效锌（mg/kg）	538	2.08	1.27	61.03	0.38～7.55
有效铁（mg/kg）	533	16.48	9.99	60.60	2.97～95.80
有效锰（mg/kg）	547	15.74	11.04	70.13	1.56～100.00
有效硼（mg/kg）	497	0.65	0.36	55.29	0.12～2.02
有效钼（mg/kg）	470	0.192	0.12	61.81	0.040～0.670
有效硫（mg/kg）	547	26.83	16.24	60.52	5.00～111.00
有效硅（mg/kg）	484	192.87	77.20	40.03	48.00～459.07

耕层质地

砂土		砂壤土		轻壤土		中壤土		重壤土		黏土	
样本数	占比（%）	样本数	占比（%）	样本数	占比（%）	样本数	占比（%）	样本数	占比（%）	样本数	占比（%）
19	3.28	59	10.19	312	53.89	172	29.71	13	2.25	4	0.69

土壤 pH

≤4.5		(4.5～5.5]		(5.5～6.5]		(6.5～7.5]		(7.5～8.5]		>8.5	
样本数	占比（%）	样本数	占比（%）	样本数	占比（%）	样本数	占比（%）	样本数	占比（%）	样本数	占比（%）
2	0.35	0	0.00	9	1.55	89	15.37	474	81.87	5	0.86

褐土—石灰性褐土—泥质石灰性褐土耕地土壤主要理化性状

项目名称	样本数（个）	平均值	标准差	变异系数（%）	范　围
有效土层厚度（cm）	1	100.0	—	—	—
耕层厚度（cm）	1	20.0	—	—	—
耕层容重（g/cm³）	0	—	—	—	—
有机质（g/kg）	1	22.7	—	—	—
全氮（g/kg）	1	1.270	—	—	—
有效磷（mg/kg）	1	35.8	—	—	—
速效钾（mg/kg）	1	136	—	—	—
缓效钾（mg/kg）	1	884	—	—	—
有效铜（mg/kg）	1	1.07	—	—	—
有效锌（mg/kg）	1	4.82	—	—	—
有效铁（mg/kg）	1	5.06	—	—	—
有效锰（mg/kg）	1	2.51	—	—	—
有效硼（mg/kg）	1	0.83	—	—	—
有效钼（mg/kg）	1	0.600	—	—	—
有效硫（mg/kg）	1	19.10	—	—	—
有效硅（mg/kg）	1	239.15	—	—	—

耕层质地

砂土		砂壤土		轻壤土		中壤土		重壤土		黏土	
样本数	占比（%）	样本数	占比（%）	样本数	占比（%）	样本数	占比（%）	样本数	占比（%）	样本数	占比（%）
0	0.00	1	100.00	0	0.00	0	0.00	0	0.00	0	0.00

土壤 pH

≤4.5		(4.5～5.5]		(5.5～6.5]		(6.5～7.5]		(7.5～8.5]		>8.5	
样本数	占比（%）	样本数	占比（%）	样本数	占比（%）	样本数	占比（%）	样本数	占比（%）	样本数	占比（%）
0	0.00	0	0.00	0	0.00	0	0.00	1	100.00	0	0.00

褐土—石灰性褐土—灰泥质石灰性褐土耕地土壤主要理化性状

项目名称	样本数（个）	平均值	标准差	变异系数（%）	范　围
有效土层厚度（cm）	1	100.0	—	—	—
耕层厚度（cm）	1	20.0	—	—	—
耕层容重（g/cm^3）	1	1.20	—	—	—
有机质（g/kg）	1	26.1	—	—	—
全氮（g/kg）	1	1.622	—	—	—
有效磷（mg/kg）	0	—	—	—	—
速效钾（mg/kg）	1	400	—	—	—
缓效钾（mg/kg）	1	978	—	—	—
有效铜（mg/kg）	1	1.66	—	—	—
有效锌（mg/kg）	1	0.53	—	—	—
有效铁（mg/kg）	1	10.40	—	—	—
有效锰（mg/kg）	1	5.40	—	—	—
有效硼（mg/kg）	1	0.18	—	—	—
有效钼（mg/kg）	0	—	—	—	—
有效硫（mg/kg）	1	10.40	—	—	—
有效硅（mg/kg）	0	—	—	—	—

耕层质地

砂土		砂壤土		轻壤土		中壤土		重壤土		黏土	
样本数	占比（%）	样本数	占比（%）	样本数	占比（%）	样本数	占比（%）	样本数	占比（%）	样本数	占比（%）
1	100.00	0	0.00	0	0.00	0	0.00	0	0.00	0	0.00

土壤 pH

≤4.5		(4.5～5.5]		(5.5～6.5]		(6.5～7.5]		(7.5～8.5]		>8.5	
样本数	占比（%）	样本数	占比（%）	样本数	占比（%）	样本数	占比（%）	样本数	占比（%）	样本数	占比（%）
0	0.00	0	0.00	0	0.00	0	0.00	0	0.00	1	100.00

褐土—淋溶褐土—黄土质淋溶褐土耕地土壤主要理化性状

项目名称	样本数（个）	平均值	标准差	变异系数（%）	范　围
有效土层厚度（cm）	153	85.9	19.18	22.33	60.0～100.0
耕层厚度（cm）	151	20.0	0.00	0.00	20.0～20.0
耕层容重（g/cm^3）	128	1.34	0.10	7.48	1.16～1.59
有机质（g/kg）	143	18.1	4.56	25.28	8.3～30.7
全氮（g/kg）	143	1.149	0.34	29.91	0.150～1.821
有效磷（mg/kg）	150	26.2	22.84	87.34	3.0～108.0
速效钾（mg/kg）	147	168	80.59	48.00	60～400
缓效钾（mg/kg）	144	566	352.21	62.25	100～1 358
有效铜（mg/kg）	135	1.81	1.06	58.30	0.48～5.68
有效锌（mg/kg）	129	2.07	1.60	77.26	0.38～7.09
有效铁（mg/kg）	135	36.06	24.63	68.31	2.95～113.51
有效锰（mg/kg）	131	29.07	26.64	91.65	1.71～100.00
有效硼（mg/kg）	126	0.49	0.33	67.78	0.12～1.77
有效钼（mg/kg）	124	0.202	0.10	51.24	0.040～0.620
有效硫（mg/kg）	139	35.11	28.25	80.47	5.00～145.80
有效硅（mg/kg）	133	219.52	102.35	46.62	49.76～530.00

耕层质地

砂土		砂壤土		轻壤土		中壤土		重壤土		黏土	
样本数	占比（%）	样本数	占比（%）	样本数	占比（%）	样本数	占比（%）	样本数	占比（%）	样本数	占比（%）
0	0.00	24	15.69	23	15.03	75	49.02	20	13.07	11	7.19

土壤 pH

≤4.5		(4.5～5.5]		(5.5～6.5]		(6.5～7.5]		(7.5～8.5]		>8.5	
样本数	占比（%）	样本数	占比（%）	样本数	占比（%）	样本数	占比（%）	样本数	占比（%）	样本数	占比（%）
2	1.31	27	17.65	49	32.03	39	25.49	35	22.88	1	0.65

褐土—淋溶褐土—泥砂质淋溶褐土耕地土壤主要理化性状

项目名称	样本数（个）	平均值	标准差	变异系数（%）	范　围
有效土层厚度（cm）	351	91.3	16.50	18.06	60.0～100.0
耕层厚度（cm）	356	20.0	0.00	0.00	20.0～20.0
耕层容重（g/cm^3）	265	1.39	0.11	7.86	1.15～1.62
有机质（g/kg）	345	17.9	5.08	28.36	7.5～30.4
全氮（g/kg）	338	1.090	0.30	27.84	0.147～1.833
有效磷（mg/kg）	337	27.2	26.77	98.26	3.0～105.5
速效钾（mg/kg）	347	167	80.33	47.98	59～400
缓效钾（mg/kg）	337	448	290.11	64.82	100～1 172
有效铜（mg/kg）	246	1.99	0.97	48.92	0.48～5.72
有效锌（mg/kg）	256	1.96	1.34	68.04	0.36～7.54
有效铁（mg/kg）	237	36.73	27.27	74.25	4.00～110.00
有效锰（mg/kg）	262	31.34	29.21	93.20	2.02～100.00
有效硼（mg/kg）	255	0.53	0.34	64.37	0.12～1.90
有效钼（mg/kg）	253	0.172	0.07	42.46	0.040～0.400
有效硫（mg/kg）	270	27.58	17.88	64.84	5.00～121.73
有效硅（mg/kg）	257	230.02	104.31	45.35	62.00～553.22

耕层质地

砂土		砂壤土		轻壤土		中壤土		重壤土		黏土	
样本数	占比（%）	样本数	占比（%）	样本数	占比（%）	样本数	占比（%）	样本数	占比（%）	样本数	占比（%）
3	0.84	38	10.67	163	45.79	130	36.52	5	1.40	17	4.78

土壤 pH

≤4.5		(4.5～5.5]		(5.5～6.5]		(6.5～7.5]		(7.5～8.5]		>8.5	
样本数	占比（%）	样本数	占比（%）	样本数	占比（%）	样本数	占比（%）	样本数	占比（%）	样本数	占比（%）
2	0.56	51	14.33	128	35.96	109	30.62	65	18.26	1	0.28

褐土—淋溶褐土—暗泥质淋溶褐土耕地土壤主要理化性状

项目名称	样本数（个）	平均值	标准差	变异系数（%）	范　围
有效土层厚度（cm）	18	100.0	0.00	0.00	100.0～100.0
耕层厚度（cm）	18	20.0	0.00	0.00	20.0～20.0
耕层容重（g/cm³）	11	1.33	0.09	6.48	1.28～1.55
有机质（g/kg）	17	17.0	4.76	27.97	11.5～26.7
全氮（g/kg）	18	1.054	0.30	28.37	0.467～1.754
有效磷（mg/kg）	17	40.5	24.64	60.83	3.0～84.0
速效钾（mg/kg）	18	204	98.98	48.64	71～400
缓效钾（mg/kg）	18	567	227.73	40.15	100～1 020
有效铜（mg/kg）	15	1.94	0.92	47.60	0.44～3.06
有效锌（mg/kg）	14	2.76	1.56	56.45	0.51～5.20
有效铁（mg/kg）	15	35.27	21.26	60.28	10.75～87.93
有效锰（mg/kg）	15	24.13	11.77	48.78	9.10～57.60
有效硼（mg/kg）	11	0.45	0.13	28.87	0.20～0.62
有效钼（mg/kg）	11	0.177	0.04	21.71	0.120～0.260
有效硫（mg/kg）	15	27.21	19.18	70.47	5.00～64.90
有效硅（mg/kg）	11	230.79	87.40	37.87	96.97～368.76

耕层质地

砂土		砂壤土		轻壤土		中壤土		重壤土		黏土	
样本数	占比（%）	样本数	占比（%）	样本数	占比（%）	样本数	占比（%）	样本数	占比（%）	样本数	占比（%）
0	0.00	0	0.00	0	0.00	13	72.22	4	22.22	1	5.56

土壤 pH

≤4.5		(4.5～5.5]		(5.5～6.5]		(6.5～7.5]		(7.5～8.5]		>8.5	
样本数	占比（%）	样本数	占比（%）	样本数	占比（%）	样本数	占比（%）	样本数	占比（%）	样本数	占比（%）
0	0.00	2	11.11	3	16.67	7	38.89	5	27.78	1	5.56

褐土—淋溶褐土—硅质淋溶褐土耕地土壤主要理化性状

项目名称	样本数（个）	平均值	标准差	变异系数（%）	范　围
有效土层厚度（cm）	11	92.7	16.18	17.45	60.0～100.0
耕层厚度（cm）	11	20.0	0.00	0.00	20.0～20.0
耕层容重（g/cm^3）	12	1.45	0.10	6.99	1.27～1.62
有机质（g/kg）	11	18.5	4.48	24.18	12.0～27.5
全氮（g/kg）	8	1.016	0.33	32.03	0.490～1.540
有效磷（mg/kg）	12	30.5	20.54	67.38	6.4～72.0
速效钾（mg/kg）	12	138	65.64	47.65	75～269
缓效钾（mg/kg）	7	864	250.87	29.03	504～1 266
有效铜（mg/kg）	13	1.42	0.59	41.91	0.62～2.47
有效锌（mg/kg）	11	3.98	2.02	50.68	1.76～7.59
有效铁（mg/kg）	13	16.98	15.73	92.62	3.79～61.00
有效锰（mg/kg）	10	13.96	10.52	75.40	1.57～33.10
有效硼（mg/kg）	11	0.69	0.35	50.33	0.24～1.18
有效钼（mg/kg）	6	0.272	0.15	56.76	0.120～0.540
有效硫（mg/kg）	12	20.51	14.16	69.05	5.00～53.38
有效硅（mg/kg）	11	213.71	60.56	28.34	140.99～377.05

耕层质地

砂土		砂壤土		轻壤土		中壤土		重壤土		黏土	
样本数	占比（%）	样本数	占比（%）	样本数	占比（%）	样本数	占比（%）	样本数	占比（%）	样本数	占比（%）
1	7.69	4	30.77	7	53.85	1	7.69	0	0.00	0	0.00

土壤 pH

≤4.5		(4.5～5.5]		(5.5～6.5]		(6.5～7.5]		(7.5～8.5]		>8.5	
样本数	占比（%）	样本数	占比（%）	样本数	占比（%）	样本数	占比（%）	样本数	占比（%）	样本数	占比（%）
0	0.00	0	0.00	1	7.69	5	38.46	7	53.85	0	0.00

褐土—淋溶褐土—灰泥质淋溶褐土耕地土壤主要理化性状

项目名称	样本数（个）	平均值	标准差	变异系数（%）	范　围
有效土层厚度（cm）	57	85.3	19.47	22.83	60.0～100.0
耕层厚度（cm）	53	20.0	0.00	0.00	20.0～20.0
耕层容重（g/cm^3）	29	1.35	0.10	7.15	1.20～1.57
有机质（g/kg）	50	16.5	6.00	36.33	7.6～29.5
全氮（g/kg）	53	1.126	0.34	29.99	0.414～1.750
有效磷（mg/kg）	51	28.5	16.72	58.62	3.0～74.4
速效钾（mg/kg）	55	137	66.43	48.54	58～400
缓效钾（mg/kg）	53	700	229.11	32.74	100～1 355
有效铜（mg/kg）	34	1.95	0.94	48.19	0.51～4.19
有效锌（mg/kg）	26	2.13	1.48	69.35	0.57～6.04
有效铁（mg/kg）	37	34.06	22.44	65.87	6.99～79.20
有效锰（mg/kg）	35	26.92	18.76	69.66	4.21～78.10
有效硼（mg/kg）	32	0.75	0.45	60.59	0.16～1.80
有效钼（mg/kg）	21	0.247	0.15	62.19	0.070～0.580
有效硫（mg/kg）	34	20.82	20.37	97.81	5.48～98.87
有效硅（mg/kg）	24	246.23	129.33	52.53	65.32～552.12

耕层质地

砂土		砂壤土		轻壤土		中壤土		重壤土		黏土	
样本数	占比（%）	样本数	占比（%）	样本数	占比（%）	样本数	占比（%）	样本数	占比（%）	样本数	占比（%）
3	5.26	11	19.30	5	8.77	25	43.86	1	1.75	12	21.05

土壤 pH

≤4.5		(4.5～5.5]		(5.5～6.5]		(6.5～7.5]		(7.5～8.5]		>8.5	
样本数	占比（%）	样本数	占比（%）	样本数	占比（%）	样本数	占比（%）	样本数	占比（%）	样本数	占比（%）
0	0.00	10	17.54	12	21.05	23	40.35	11	19.30	1	1.75

褐土—淋溶褐土—砂泥质淋溶褐土耕地土壤主要理化性状

项目名称	样本数（个）	平均值	标准差	变异系数（%）	范　围
有效土层厚度（cm）	10	88.0	19.32	21.96	60.0～100.0
耕层厚度（cm）	10	20.0	0.00	0.00	20.0～20.0
耕层容重（g/cm³）	10	1.42	0.11	7.66	1.18～1.59
有机质（g/kg）	10	18.8	4.35	23.15	12.8～26.0
全氮（g/kg）	1	0.950	—	—	—
有效磷（mg/kg）	10	36.4	21.33	58.56	12.4～76.1
速效钾（mg/kg）	10	166	97.31	58.69	75～400
缓效钾（mg/kg）	10	503	134.47	26.76	273～678
有效铜（mg/kg）	10	1.76	0.30	17.09	1.32～2.25
有效锌（mg/kg）	10	2.75	1.38	50.16	1.55～5.84
有效铁（mg/kg）	10	34.63	9.70	28.02	20.50～51.10
有效锰（mg/kg）	10	17.35	7.07	40.73	4.92～26.21
有效硼（mg/kg）	9	0.83	0.48	57.47	0.33～1.85
有效钼（mg/kg）	8	0.373	0.22	59.59	0.040～0.670
有效硫（mg/kg）	10	24.49	8.35	34.09	14.52～44.33
有效硅（mg/kg）	8	186.84	61.21	32.76	54.08～251.89

耕层质地

砂土		砂壤土		轻壤土		中壤土		重壤土		黏土	
样本数	占比（%）	样本数	占比（%）	样本数	占比（%）	样本数	占比（%）	样本数	占比（%）	样本数	占比（%）
1	10.00	0	0.00	1	10.00	8	80.00	0	0.00	0	0.00

土壤 pH

≤4.5		(4.5～5.5]		(5.5～6.5]		(6.5～7.5]		(7.5～8.5]		>8.5	
样本数	占比（%）	样本数	占比（%）	样本数	占比（%）	样本数	占比（%）	样本数	占比（%）	样本数	占比（%）
0	0.00	0	0.00	0	0.00	2	20.00	8	80.00	0	0.00

褐土—淋溶褐土—红土质淋溶褐土耕地土壤主要理化性状

项目名称	样本数（个）	平均值	标准差	变异系数（%）	范　围
有效土层厚度（cm）	5	92.0	17.89	19.44	60.0～100.0
耕层厚度（cm）	5	20.0	0.00	0.00	20.0～20.0
耕层容重（g/cm^3）	5	1.24	0.08	6.27	1.20～1.38
有机质（g/kg）	5	15.0	3.86	25.79	8.6～18.6
全氮（g/kg）	4	0.927	0.25	26.66	0.637～1.237
有效磷（mg/kg）	5	33.4	19.01	56.92	8.4～53.9
速效钾（mg/kg）	5	122	51.56	42.33	70～197
缓效钾（mg/kg）	5	762	214.22	28.13	462～982
有效铜（mg/kg）	5	1.50	0.72	48.01	0.76～2.50
有效锌（mg/kg）	5	2.64	0.84	31.96	1.85～3.78
有效铁（mg/kg）	5	19.82	10.22	51.56	13.50～37.80
有效锰（mg/kg）	5	16.81	7.13	42.38	10.80～28.38
有效硼（mg/kg）	5	1.20	0.41	34.07	0.77～1.67
有效钼（mg/kg）	5	0.226	0.13	58.33	0.120～0.450
有效硫（mg/kg）	5	22.13	10.69	48.32	13.30～39.82
有效硅（mg/kg）	5	158.49	72.60	45.81	93.11～280.96

耕层质地

砂土		砂壤土		轻壤土		中壤土		重壤土		黏土	
样本数	占比（%）	样本数	占比（%）	样本数	占比（%）	样本数	占比（%）	样本数	占比（%）	样本数	占比（%）
0	0.00	0	0.00	0	0.00	0	0.00	5	100.00	0	0.00

土壤 pH

≤4.5		(4.5～5.5]		(5.5～6.5]		(6.5～7.5]		(7.5～8.5]		>8.5	
样本数	占比（%）	样本数	占比（%）	样本数	占比（%）	样本数	占比（%）	样本数	占比（%）	样本数	占比（%）
0	0.00	1	20.00	0	0.00	3	60.00	1	20.00	0	0.00

褐土—潮褐土—黄土质潮褐土耕地土壤主要理化性状

项目名称	样本数（个）	平均值	标准差	变异系数（%）	范　围
有效土层厚度（cm）	242	97.5	9.67	9.91	60.0～100.0
耕层厚度（cm）	237	20.0	0.46	2.29	20.0～25.0
耕层容重（g/cm³）	223	1.32	0.07	5.22	1.15～1.59
有机质（g/kg）	234	20.0	6.19	30.99	8.5～30.6
全氮（g/kg）	225	1.160	0.35	30.53	0.141～1.869
有效磷（mg/kg）	217	20.1	23.88	118.80	3.0～107.5
速效钾（mg/kg）	242	193	90.32	46.82	58～400
缓效钾（mg/kg）	242	470	364.40	77.58	100～1 248
有效铜（mg/kg）	167	1.76	1.05	59.52	0.45～6.10
有效锌（mg/kg）	152	2.11	1.17	55.69	0.32～6.25
有效铁（mg/kg）	159	31.47	30.64	97.36	2.90～108.16
有效锰（mg/kg）	157	25.71	25.43	98.90	1.84～100.00
有效硼（mg/kg）	164	0.53	0.36	67.58	0.12～2.00
有效钼（mg/kg）	169	0.212	0.09	44.61	0.040～0.410
有效硫（mg/kg）	168	34.77	26.00	74.78	5.00～145.60
有效硅（mg/kg）	168	205.31	98.82	48.13	49.62～555.00

耕层质地

砂土		砂壤土		轻壤土		中壤土		重壤土		黏土	
样本数	占比（%）	样本数	占比（%）	样本数	占比（%）	样本数	占比（%）	样本数	占比（%）	样本数	占比（%）
1	0.41	10	4.13	65	26.86	126	52.07	34	14.05	6	2.48

土壤 pH

≤4.5		(4.5～5.5]		(5.5～6.5]		(6.5～7.5]		(7.5～8.5]		>8.5	
样本数	占比（%）	样本数	占比（%）	样本数	占比（%）	样本数	占比（%）	样本数	占比（%）	样本数	占比（%）
2	0.83	27	11.16	49	20.25	42	17.36	121	50.00	1	0.41

褐土—潮褐土—泥砂质潮褐土耕地土壤主要理化性状

项目名称	样本数（个）	平均值	标准差	变异系数（%）	范 围
有效土层厚度（cm）	2 069	98.3	8.07	8.21	60.0～100.0
耕层厚度（cm）	2 045	20.2	0.90	4.45	20.0～25.0
耕层容重（g/cm^3）	1 764	1.39	0.11	7.81	1.15～1.62
有机质（g/kg）	1 969	18.8	5.26	27.99	7.5～30.6
全氮（g/kg）	1 842	1.157	0.35	30.07	0.142～1.890
有效磷（mg/kg）	2 046	29.7	21.06	70.89	3.0～110.5
速效钾（mg/kg）	2 042	153	70.34	46.05	58～400
缓效钾（mg/kg）	1 979	671	342.04	50.98	100～1 361
有效铜（mg/kg）	1 780	1.61	0.74	45.72	0.43～6.01
有效锌（mg/kg）	1 765	2.10	1.24	59.04	0.32～7.56
有效铁（mg/kg）	1 755	23.52	18.87	80.24	2.93～111.87
有效锰（mg/kg）	1 782	20.97	16.33	77.91	2.02～100.00
有效硼（mg/kg）	1 714	0.67	0.42	62.15	0.11～2.05
有效钼（mg/kg）	1 669	0.214	0.13	59.40	0.040～0.680
有效硫（mg/kg）	1 803	28.65	16.67	58.20	5.00～132.48
有效硅（mg/kg）	1 704	185.24	87.41	47.18	46.95～535.00

耕层质地

砂土		砂壤土		轻壤土		中壤土		重壤土		黏土	
样本数	占比（%）	样本数	占比（%）	样本数	占比（%）	样本数	占比（%）	样本数	占比（%）	样本数	占比（%）
97	4.66	320	15.37	1 050	50.43	532	25.55	72	3.46	11	0.53

土壤 pH

≤4.5		(4.5～5.5]		(5.5～6.5]		(6.5～7.5]		(7.5～8.5]		>8.5	
样本数	占比（%）	样本数	占比（%）	样本数	占比（%）	样本数	占比（%）	样本数	占比（%）	样本数	占比（%）
7	0.34	131	6.29	307	14.75	489	23.49	1 117	53.65	31	1.49

褐土—褐土性土—黄土质褐土性土耕地土壤主要理化性状

项目名称	样本数（个）	平均值	标准差	变异系数（%）	范　围
有效土层厚度（cm）	185	90.5	17.08	18.87	60.0～100.0
耕层厚度（cm）	182	20.1	0.74	3.66	20.0～25.0
耕层容重（g/cm^3）	147	1.34	0.10	7.45	1.17～1.62
有机质（g/kg）	181	18.1	5.18	28.67	7.5～30.7
全氮（g/kg）	181	1.110	0.30	27.24	0.167～1.870
有效磷（mg/kg）	177	27.1	26.97	99.47	3.0～110.7
速效钾（mg/kg）	183	172	75.71	43.95	61～400
缓效钾（mg/kg）	184	647	339.64	52.52	100～1 321
有效铜（mg/kg）	125	1.73	1.19	68.60	0.52～5.76
有效锌（mg/kg）	127	2.07	1.57	75.95	0.34～7.52
有效铁（mg/kg）	130	23.78	23.37	98.25	3.20～95.00
有效锰（mg/kg）	126	18.25	20.44	111.97	1.64～100.00
有效硼（mg/kg）	131	0.58	0.30	52.02	0.12～1.78
有效钼（mg/kg）	122	0.187	0.13	71.00	0.040～0.670
有效硫（mg/kg）	134	27.83	19.80	71.14	5.27～111.50
有效硅（mg/kg）	130	221.64	95.67	43.17	50.00～498.30

耕层质地

砂土		砂壤土		轻壤土		中壤土		重壤土		黏土	
样本数	占比（%）	样本数	占比（%）	样本数	占比（%）	样本数	占比（%）	样本数	占比（%）	样本数	占比（%）
13	6.88	38	20.11	58	30.69	60	31.75	8	4.23	12	6.35

土壤 pH

≤4.5		(4.5～5.5]		(5.5～6.5]		(6.5～7.5]		(7.5～8.5]		>8.5	
样本数	占比（%）	样本数	占比（%）	样本数	占比（%）	样本数	占比（%）	样本数	占比（%）	样本数	占比（%）
1	0.53	8	4.23	22	11.64	42	22.22	115	60.85	1	0.53

褐土—褐土性土—泥砂质褐土性土耕地土壤主要理化性状

项目名称	样本数（个）	平均值	标准差	变异系数（%）	范围
有效土层厚度（cm）	73	92.9	15.41	16.59	60.0～100.0
耕层厚度（cm）	80	20.4	1.36	6.65	20.0～25.0
耕层容重（g/cm^3）	56	1.34	0.09	6.82	1.19～1.57
有机质（g/kg）	79	18.1	5.50	30.37	8.0～30.0
全氮（g/kg）	76	1.128	0.30	26.19	0.520～1.780
有效磷（mg/kg）	77	20.4	18.31	89.79	3.0～102.5
速效钾（mg/kg）	80	145	50.38	34.67	61～289
缓效钾（mg/kg）	78	644	221.51	34.42	100～1 040
有效铜（mg/kg）	60	1.79	1.04	57.88	0.73～5.45
有效锌（mg/kg）	62	1.97	1.33	67.44	0.43～6.99
有效铁（mg/kg）	61	23.05	18.29	79.35	2.95～92.27
有效锰（mg/kg）	65	20.52	12.32	60.04	4.37～57.25
有效硼（mg/kg）	61	0.64	0.40	63.18	0.12～1.89
有效钼（mg/kg）	40	0.199	0.10	51.07	0.050～0.500
有效硫（mg/kg）	64	26.33	25.23	95.84	5.00～137.45
有效硅（mg/kg）	39	237.59	117.17	49.32	58.00～522.50

耕层质地

砂土		砂壤土		轻壤土		中壤土		重壤土		黏土	
样本数	占比（%）	样本数	占比（%）	样本数	占比（%）	样本数	占比（%）	样本数	占比（%）	样本数	占比（%）
7	8.75	17	21.25	14	17.50	38	47.50	4	5.00	0	0.00

土壤 pH

≤4.5		(4.5～5.5]		(5.5～6.5]		(6.5～7.5]		(7.5～8.5]		>8.5	
样本数	占比（%）	样本数	占比（%）	样本数	占比（%）	样本数	占比（%）	样本数	占比（%）	样本数	占比（%）
0	0.00	1	1.25	11	13.75	11	13.75	56	70.00	1	1.25

褐土—褐土性土—暗泥质褐土性土耕地土壤主要理化性状

项目名称	样本数（个）	平均值	标准差	变异系数（%）	范　围
有效土层厚度（cm）	11	70.9	18.68	26.35	60.0～100.0
耕层厚度（cm）	11	20.0	0.00	0.00	20.0～20.0
耕层容重（g/cm^3）	6	1.27	0.07	5.32	1.20～1.38
有机质（g/kg）	11	14.5	3.06	21.06	10.3～18.4
全氮（g/kg）	11	0.952	0.14	14.20	0.703～1.180
有效磷（mg/kg）	11	39.3	24.89	63.38	16.2～96.6
速效钾（mg/kg）	11	167	58.59	35.03	99～271
缓效钾（mg/kg）	11	447	127.38	28.47	282～658
有效铜（mg/kg）	11	1.81	0.63	34.49	0.90～2.78
有效锌（mg/kg）	11	1.89	1.07	56.76	0.72～3.58
有效铁（mg/kg）	10	43.13	21.46	49.76	14.50～89.42
有效锰（mg/kg）	10	26.94	13.71	50.91	6.60～46.60
有效硼（mg/kg）	11	0.24	0.06	26.62	0.15～0.38
有效钼（mg/kg）	11	0.141	0.07	46.18	0.048～0.230
有效硫（mg/kg）	11	26.23	29.52	112.56	5.00～111.64
有效硅（mg/kg）	8	216.76	112.04	51.69	107.50～390.00

耕层质地

砂土		砂壤土		轻壤土		中壤土		重壤土		黏土	
样本数	占比（%）	样本数	占比（%）	样本数	占比（%）	样本数	占比（%）	样本数	占比（%）	样本数	占比（%）
0	0.00	6	54.55	2	18.18	3	27.27	0	0.00	0	0.00

土壤 pH

≤4.5		(4.5～5.5]		(5.5～6.5]		(6.5～7.5]		(7.5～8.5]		>8.5	
样本数	占比（%）	样本数	占比（%）	样本数	占比（%）	样本数	占比（%）	样本数	占比（%）	样本数	占比（%）
0	0.00	0	0.00	2	18.18	7	63.64	2	18.18	0	0.00

褐土—褐土性土—硅质褐土性土耕地土壤主要理化性状

项目名称	样本数（个）	平均值	标准差	变异系数（%）	范　围
有效土层厚度（cm）	16	77.5	20.49	26.44	60.0～100.0
耕层厚度（cm）	16	21.6	2.39	11.10	20.0～25.0
耕层容重（g/cm^3）	16	1.41	0.05	3.62	1.35～1.59
有机质（g/kg）	16	13.8	4.01	29.08	7.7～22.9
全氮（g/kg）	14	0.796	0.24	29.75	0.400～1.420
有效磷（mg/kg）	16	23.3	16.74	71.78	6.0～52.0
速效钾（mg/kg）	16	128	47.69	37.30	71～288
缓效钾（mg/kg）	15	709	286.74	40.47	267～1 355
有效铜（mg/kg）	11	1.40	0.46	33.14	0.89～2.56
有效锌（mg/kg）	11	2.89	1.08	37.21	1.37～5.26
有效铁（mg/kg）	11	22.09	7.94	35.92	5.40～35.90
有效锰（mg/kg）	11	16.20	10.10	62.36	6.10～37.20
有效硼（mg/kg）	11	1.11	0.44	39.79	0.54～1.76
有效钼（mg/kg）	8	0.239	0.21	86.37	0.040～0.570
有效硫（mg/kg）	11	27.64	12.92	46.75	15.28～54.84
有效硅（mg/kg）	10	175.10	46.40	26.50	131.58～268.08

耕层质地

砂土		砂壤土		轻壤土		中壤土		重壤土		黏土	
样本数	占比（%）	样本数	占比（%）	样本数	占比（%）	样本数	占比（%）	样本数	占比（%）	样本数	占比（%）
0	0.00	0	0.00	10	62.50	6	37.50	0	0.00	0	0.00

土壤 pH

≤4.5		(4.5～5.5]		(5.5～6.5]		(6.5～7.5]		(7.5～8.5]		>8.5	
样本数	占比（%）	样本数	占比（%）	样本数	占比（%）	样本数	占比（%）	样本数	占比（%）	样本数	占比（%）
0	0.00	1	6.25	3	18.75	6	37.50	6	37.50	0	0.00

褐土—褐土性土—灰泥质褐土性土耕地土壤主要理化性状

项目名称	样本数（个）	平均值	标准差	变异系数（%）	范　围
有效土层厚度（cm）	19	97.9	9.18	9.37	60.0～100.0
耕层厚度（cm）	19	20.4	1.21	5.95	20.0～25.0
耕层容重（g/cm^3）	19	1.38	0.12	8.73	1.23～1.59
有机质（g/kg）	17	15.4	3.83	24.97	9.4～23.0
全氮（g/kg）	17	0.977	0.30	30.79	0.540～1.500
有效磷（mg/kg）	18	17.9	11.33	63.11	3.9～41.2
速效钾（mg/kg）	17	135	48.06	35.55	61～234
缓效钾（mg/kg）	18	784	210.29	26.81	362～1 185
有效铜（mg/kg）	16	1.60	0.60	37.47	0.90～2.85
有效锌（mg/kg）	16	2.07	0.90	43.50	0.74～4.46
有效铁（mg/kg）	15	23.38	10.61	45.40	3.21～45.79
有效锰（mg/kg）	16	16.15	5.77	35.75	7.20～29.16
有效硼（mg/kg）	16	0.54	0.40	73.69	0.15～1.61
有效钼（mg/kg）	14	0.139	0.05	36.34	0.040～0.260
有效硫（mg/kg）	19	13.77	6.69	48.53	5.00～31.11
有效硅（mg/kg）	17	209.42	99.47	47.50	49.70～436.02

耕层质地

砂土		砂壤土		轻壤土		中壤土		重壤土		黏土	
样本数	占比（%）	样本数	占比（%）	样本数	占比（%）	样本数	占比（%）	样本数	占比（%）	样本数	占比（%）
0	0.00	4	21.05	10	52.63	5	26.32	0	0.00	0	0.00

土壤 pH

≤4.5		(4.5～5.5]		(5.5～6.5]		(6.5～7.5]		(7.5～8.5]		>8.5	
样本数	占比（%）	样本数	占比（%）	样本数	占比（%）	样本数	占比（%）	样本数	占比（%）	样本数	占比（%）
0	0.00	0	0.00	1	5.26	1	5.26	17	89.47	0	0.00

褐土—褐土性土—砂泥质褐土性土耕地土壤主要理化性状

项目名称	样本数（个）	平均值	标准差	变异系数（%）	范　围
有效土层厚度（cm）	6	100.0	0.00	0.00	100.0～100.0
耕层厚度（cm）	4	20.0	0.00	0.00	20.0～20.0
耕层容重（g/cm^3）	6	1.46	0.09	6.50	1.33～1.56
有机质（g/kg）	4	17.9	9.15	51.04	8.4～28.8
全氮（g/kg）	6	1.123	0.55	48.82	0.390～1.730
有效磷（mg/kg）	6	21.6	15.95	73.96	3.9～48.5
速效钾（mg/kg）	5	178	44.09	24.74	139～232
缓效钾（mg/kg）	6	693	58.65	8.47	618～771
有效铜（mg/kg）	5	1.28	0.54	41.76	0.70～2.16
有效锌（mg/kg）	6	1.81	1.64	91.02	1.04～5.16
有效铁（mg/kg）	6	7.99	8.31	104.05	3.14～24.79
有效锰（mg/kg）	4	12.20	1.59	13.05	10.36～14.25
有效硼（mg/kg）	6	0.37	0.15	39.81	0.12～0.56
有效钼（mg/kg）	6	0.283	0.22	79.00	0.120～0.600
有效硫（mg/kg）	6	15.40	6.19	40.22	5.00～24.51
有效硅（mg/kg）	6	199.93	80.38	40.20	93.02～265.61

耕层质地

砂土		砂壤土		轻壤土		中壤土		重壤土		黏土	
样本数	占比（%）	样本数	占比（%）	样本数	占比（%）	样本数	占比（%）	样本数	占比（%）	样本数	占比（%）
1	16.67	1	16.67	1	16.67	2	33.33	1	16.67	0	0.00

土壤 pH

≤4.5		(4.5～5.5]		(5.5～6.5]		(6.5～7.5]		(7.5～8.5]		>8.5	
样本数	占比（%）	样本数	占比（%）	样本数	占比（%）	样本数	占比（%）	样本数	占比（%）	样本数	占比（%）
0	0.00	0	0.00	0	0.00	2	33.33	4	66.67	0	0.00

褐土—褐土性土—堆垫褐土性土耕地土壤主要理化性状

项目名称	样本数（个）	平均值	标准差	变异系数（%）	范　围
有效土层厚度（cm）	6	100.0	0.00	0.00	100.0～100.0
耕层厚度（cm）	3	20.0	0.00	0.00	20.0～20.0
耕层容重（g/cm^3）	6	1.40	0.10	6.92	1.32～1.58
有机质（g/kg）	6	20.7	5.02	24.30	15.3～27.0
全氮（g/kg）	6	1.127	0.31	27.70	0.850～1.620
有效磷（mg/kg）	5	51.3	35.45	69.15	7.1～88.4
速效钾（mg/kg）	6	150	73.79	49.13	90～294
缓效钾（mg/kg）	5	942	260.62	27.66	609～1 317
有效铜（mg/kg）	5	2.17	1.82	83.69	1.04～5.40
有效锌（mg/kg）	6	4.62	2.41	52.10	1.09～7.06
有效铁（mg/kg）	6	21.66	18.90	87.28	3.62～56.07
有效锰（mg/kg）	5	7.61	4.19	55.10	1.95～12.44
有效硼（mg/kg）	5	0.41	0.30	72.42	0.13～0.87
有效钼（mg/kg）	4	0.347	0.23	65.81	0.180～0.670
有效硫（mg/kg）	6	11.97	4.44	37.06	6.63～19.69
有效硅（mg/kg）	6	213.56	90.17	42.22	121.08～370.13

耕层质地

砂土		砂壤土		轻壤土		中壤土		重壤土		黏土	
样本数	占比（%）	样本数	占比（%）	样本数	占比（%）	样本数	占比（%）	样本数	占比（%）	样本数	占比（%）
0	0.00	4	66.67	1	16.67	1	16.67	0	0.00	0	0.00

土壤 pH

≤4.5		(4.5～5.5]		(5.5～6.5]		(6.5～7.5]		(7.5～8.5]		>8.5	
样本数	占比（%）	样本数	占比（%）	样本数	占比（%）	样本数	占比（%）	样本数	占比（%）	样本数	占比（%）
0	0.00	0	0.00	0	0.00	3	50.00	3	50.00	0	0.00

褐土—褐土性土—麻砂质褐土性土耕地土壤主要理化性状

项目名称	样本数（个）	平均值	标准差	变异系数（%）	范 围
有效土层厚度（cm）	41	73.7	19.20	26.07	60.0～100.0
耕层厚度（cm）	42	20.2	0.58	2.88	20.0～23.0
耕层容重（g/cm^3）	40	1.40	0.11	7.75	1.16～1.59
有机质（g/kg）	29	15.0	5.50	36.60	7.5～27.9
全氮（g/kg）	39	0.747	0.38	50.70	0.200～1.720
有效磷（mg/kg）	41	25.1	17.54	69.80	3.5～90.9
速效钾（mg/kg）	39	116	55.76	48.01	62～317
缓效钾（mg/kg）	28	795	299.93	37.75	206～1 359
有效铜（mg/kg）	40	1.53	0.53	34.47	0.54～3.19
有效锌（mg/kg）	40	2.31	1.00	43.59	0.60～6.57
有效铁（mg/kg）	40	26.20	17.21	65.69	4.60～85.52
有效锰（mg/kg）	40	16.65	9.53	57.24	4.50～46.61
有效硼（mg/kg）	34	0.78	0.60	77.47	0.12～1.86
有效钼（mg/kg）	38	0.157	0.11	70.88	0.050～0.610
有效硫（mg/kg）	42	26.15	21.34	81.62	5.00～87.50
有效硅（mg/kg）	41	168.98	52.49	31.06	50.73～303.82

耕层质地

砂土		砂壤土		轻壤土		中壤土		重壤土		黏土	
样本数	占比（%）	样本数	占比（%）	样本数	占比（%）	样本数	占比（%）	样本数	占比（%）	样本数	占比（%）
0	0.00	29	69.05	13	30.95	0	0.00	0	0.00	0	0.00

土壤 pH

≤4.5		(4.5～5.5]		(5.5～6.5]		(6.5～7.5]		(7.5～8.5]		>8.5	
样本数	占比（%）	样本数	占比（%）	样本数	占比（%）	样本数	占比（%）	样本数	占比（%）	样本数	占比（%）
0	0.00	9	21.43	6	14.29	12	28.57	15	35.71	0	0.00

褐土—淋溶褐土—麻砂质淋溶褐土耕地土壤主要理化性状

项目名称	样本数（个）	平均值	标准差	变异系数（%）	范　围
有效土层厚度（cm）	15	84.0	20.28	24.15	60.0～100.0
耕层厚度（cm）	16	20.0	0.00	0.00	20.0～20.0
耕层容重（g/cm³）	14	1.49	0.11	7.11	1.24～1.60
有机质（g/kg）	14	12.2	3.21	26.20	7.9～18.1
全氮（g/kg）	15	0.729	0.23	32.02	0.350～1.240
有效磷（mg/kg）	16	34.7	19.03	54.84	6.0～80.9
速效钾（mg/kg）	15	100	30.57	30.69	64～184
缓效钾（mg/kg）	14	695	286.00	41.14	189～1 270
有效铜（mg/kg）	10	2.04	1.12	55.10	0.59～4.55
有效锌（mg/kg）	10	2.45	1.36	55.48	0.82～5.26
有效铁（mg/kg）	10	17.93	14.14	78.87	5.40～53.34
有效锰（mg/kg）	10	12.05	9.71	80.64	4.32～34.20
有效硼（mg/kg）	9	0.73	0.51	70.09	0.14～1.63
有效钼（mg/kg）	6	0.162	0.09	57.55	0.050～0.290
有效硫（mg/kg）	16	19.19	13.48	70.25	5.00～42.55
有效硅（mg/kg）	16	137.30	55.38	40.33	70.00～241.43

耕层质地

砂土		砂壤土		轻壤土		中壤土		重壤土		黏土	
样本数	占比（%）	样本数	占比（%）	样本数	占比（%）	样本数	占比（%）	样本数	占比（%）	样本数	占比（%）
1	6.25	6	37.50	7	43.75	2	12.50	0	0.00	0	0.00

土壤 pH

≤4.5		(4.5～5.5]		(5.5～6.5]		(6.5～7.5]		(7.5～8.5]		>8.5	
样本数	占比（%）	样本数	占比（%）	样本数	占比（%）	样本数	占比（%）	样本数	占比（%）	样本数	占比（%）
0	0.00	1	6.25	7	43.75	5	31.25	3	18.75	0	0.00

风沙土—荒漠风沙土—荒漠固定风沙土耕地土壤主要理化性状

项目名称	样本数（个）	平均值	标准差	变异系数（%）	范　围
有效土层厚度（cm）	1	100.0	—	—	—
耕层厚度（cm）	1	20.0	—	—	—
耕层容重（g/cm^3）	1	1.53	—	—	—
有机质（g/kg）	1	7.5	—	—	—
全氮（g/kg）	1	1.240	—	—	—
有效磷（mg/kg）	1	17.4	—	—	—
速效钾（mg/kg）	1	99	—	—	—
缓效钾（mg/kg）	1	573	—	—	—
有效铜（mg/kg）	1	1.10	—	—	—
有效锌（mg/kg）	1	1.04	—	—	—
有效铁（mg/kg）	1	5.62	—	—	—
有效锰（mg/kg）	1	9.36	—	—	—
有效硼（mg/kg）	1	0.41	—	—	—
有效钼（mg/kg）	1	0.120	—	—	—
有效硫（mg/kg）	1	14.58	—	—	—
有效硅（mg/kg）	1	250.32	—	—	—

耕层质地

砂土		砂壤土		轻壤土		中壤土		重壤土		黏土	
样本数	占比（%）	样本数	占比（%）	样本数	占比（%）	样本数	占比（%）	样本数	占比（%）	样本数	占比（%）
0	0.00	0	0.00	1	100.00	0	0.00	0	0.00	0	0.00

土壤 pH

≤4.5		(4.5～5.5]		(5.5～6.5]		(6.5～7.5]		(7.5～8.5]		>8.5	
样本数	占比（%）	样本数	占比（%）	样本数	占比（%）	样本数	占比（%）	样本数	占比（%）	样本数	占比（%）
0	0.00	0	0.00	0	0.00	0	0.00	1	100.00	0	0.00

风沙土—草甸风沙土—草甸固定风沙土耕地土壤主要理化性状

项目名称	样本数（个）	平均值	标准差	变异系数（%）	范　围
有效土层厚度（cm）	31	100.0	0.00	0.00	100.0～100.0
耕层厚度（cm）	31	20.5	1.34	6.53	20.0～25.0
耕层容重（g/cm^3）	25	1.41	0.10	7.03	1.23～1.60
有机质（g/kg）	28	12.7	3.49	27.41	7.8～24.0
全氮（g/kg）	31	0.789	0.24	30.59	0.380～1.590
有效磷（mg/kg）	30	31.7	21.77	68.62	4.6～90.0
速效钾（mg/kg）	30	145	56.97	39.25	72～282
缓效钾（mg/kg）	31	599	177.50	29.61	219～946
有效铜（mg/kg）	20	1.64	1.07	65.26	0.46～5.27
有效锌（mg/kg）	22	2.04	1.30	63.49	0.55～6.48
有效铁（mg/kg）	23	17.06	15.54	91.09	5.00～55.20
有效锰（mg/kg）	23	11.48	5.38	46.85	4.75～21.10
有效硼（mg/kg）	23	0.89	0.43	48.81	0.18～1.87
有效钼（mg/kg）	18	0.146	0.09	59.95	0.050～0.380
有效硫（mg/kg）	23	36.64	27.15	74.10	12.55～131.68
有效硅（mg/kg）	20	147.94	75.76	51.21	47.50～310.00

耕层质地

砂土		砂壤土		轻壤土		中壤土		重壤土		黏土	
样本数	占比（%）	样本数	占比（%）	样本数	占比（%）	样本数	占比（%）	样本数	占比（%）	样本数	占比（%）
20	64.52	9	29.03	1	3.23	1	3.23	0	0.00	0	0.00

土壤 pH

≤4.5		(4.5～5.5]		(5.5～6.5]		(6.5～7.5]		(7.5～8.5]		>8.5	
样本数	占比（%）	样本数	占比（%）	样本数	占比（%）	样本数	占比（%）	样本数	占比（%）	样本数	占比（%）
0	0.00	1	3.23	1	3.23	5	16.13	23	74.19	1	3.23

风沙土—草甸风沙土—草甸半固定风沙土耕地土壤主要理化性状

项目名称	样本数（个）	平均值	标准差	变异系数（%）	范　围
有效土层厚度（cm）	12	93.3	15.57	16.68	60.0～100.0
耕层厚度（cm）	12	21.0	1.95	9.30	20.0～25.0
耕层容重（g/cm^3）	12	1.38	0.13	9.43	1.19～1.60
有机质（g/kg）	11	14.1	3.81	27.05	9.0～21.8
全氮（g/kg）	12	0.818	0.25	30.19	0.421～1.180
有效磷（mg/kg）	12	17.5	8.32	47.56	7.5～39.0
速效钾（mg/kg）	12	116	36.07	31.05	82～182
缓效钾（mg/kg）	12	705	119.67	16.98	589～1 042
有效铜（mg/kg）	8	0.82	0.20	24.82	0.48～1.10
有效锌（mg/kg）	9	1.85	0.85	45.71	0.54～2.65
有效铁（mg/kg）	8	9.35	3.06	32.76	6.30～15.20
有效锰（mg/kg）	9	11.09	6.97	62.84	3.90～23.18
有效硼（mg/kg）	8	1.16	0.54	46.56	0.63～1.92
有效钼（mg/kg）	8	0.183	0.07	37.13	0.090～0.330
有效硫（mg/kg）	9	28.45	12.19	42.86	13.80～44.70
有效硅（mg/kg）	7	162.43	71.94	44.29	57.08～256.00

耕层质地

砂土		砂壤土		轻壤土		中壤土		重壤土		黏土	
样本数	占比（%）	样本数	占比（%）	样本数	占比（%）	样本数	占比（%）	样本数	占比（%）	样本数	占比（%）
6	50.00	4	33.33	1	8.33	1	8.33	0	0.00	0	0.00

土壤 pH

≤4.5		(4.5～5.5]		(5.5～6.5]		(6.5～7.5]		(7.5～8.5]		>8.5	
样本数	占比（%）	样本数	占比（%）	样本数	占比（%）	样本数	占比（%）	样本数	占比（%）	样本数	占比（%）
0	0.00	0	0.00	0	0.00	0	0.00	12	100.00	0	0.00

风沙土—草甸风沙土—草甸流动风沙土耕地土壤主要理化性状

项目名称	样本数（个）	平均值	标准差	变异系数（%）	范　围
有效土层厚度（cm）	3	100.0	0.00	0.00	100.0～100.0
耕层厚度（cm）	3	20.0	0.00	0.00	20.0～20.0
耕层容重（g/cm³）	3	1.51	0.06	3.69	1.46～1.57
有机质（g/kg）	3	12.4	1.95	15.69	10.5～14.4
全氮（g/kg）	3	0.742	0.17	22.29	0.630～0.932
有效磷（mg/kg）	3	23.2	14.03	60.40	8.4～36.3
速效钾（mg/kg）	3	196	163.82	83.58	66～380
缓效钾（mg/kg）	3	917	230.48	25.13	662～1 110
有效铜（mg/kg）	2	1.15	0.38	33.11	0.88～1.42
有效锌（mg/kg）	3	1.35	1.07	78.88	0.33～2.46
有效铁（mg/kg）	3	11.43	3.42	29.90	8.98～15.33
有效锰（mg/kg）	3	7.02	1.56	22.26	6.08～8.82
有效硼（mg/kg）	3	0.68	0.35	51.50	0.36～1.05
有效钼（mg/kg）	3	0.087	0.04	40.52	0.050～0.120
有效硫（mg/kg）	3	20.42	6.92	33.87	13.07～26.80
有效硅（mg/kg）	3	108.33	10.41	9.61	100.00～120.00

耕层质地

砂土		砂壤土		轻壤土		中壤土		重壤土		黏土	
样本数	占比（%）	样本数	占比（%）	样本数	占比（%）	样本数	占比（%）	样本数	占比（%）	样本数	占比（%）
2	66.67	1	33.33	0	0.00	0	0.00	0	0.00	0	0.00

土壤 pH

≤4.5		(4.5～5.5]		(5.5～6.5]		(6.5～7.5]		(7.5～8.5]		>8.5	
样本数	占比（%）	样本数	占比（%）	样本数	占比（%）	样本数	占比（%）	样本数	占比（%）	样本数	占比（%）
0	0.00	0	0.00	0	0.00	0	0.00	2	66.67	1	33.33

石灰（岩）土—棕色石灰土—棕色石灰土耕地土壤主要理化性状

项目名称	样本数（个）	平均值	标准差	变异系数（%）	范　围
有效土层厚度（cm）	7	88.6	19.52	22.04	60.0～100.0
耕层厚度（cm）	7	20.0	0.00	0.00	20.0～20.0
耕层容重（g/cm^3）	7	1.30	0.03	2.45	1.27～1.36
有机质（g/kg）	7	19.4	3.46	17.81	12.9～23.2
全氮（g/kg）	7	1.186	0.29	24.66	0.710～1.600
有效磷（mg/kg）	7	12.6	3.78	30.10	8.3～20.0
速效钾（mg/kg）	7	187	80.94	43.40	99～303
缓效钾（mg/kg）	7	370	326.84	88.23	100～786
有效铜（mg/kg）	7	1.89	0.58	30.42	0.89～2.71
有效锌（mg/kg）	6	0.92	0.51	55.84	0.35～1.81
有效铁（mg/kg）	7	15.82	13.64	86.26	5.76～40.30
有效锰（mg/kg）	7	22.25	10.68	47.99	11.90～40.20
有效硼（mg/kg）	7	0.55	0.34	61.36	0.20～1.10
有效钼（mg/kg）	5	0.286	0.12	40.29	0.210～0.490
有效硫（mg/kg）	7	25.01	14.32	57.24	8.67～47.52
有效硅（mg/kg）	6	397.38	128.18	32.26	169.26～521.81

耕层质地

砂土		砂壤土		轻壤土		中壤土		重壤土		黏土	
样本数	占比（%）	样本数	占比（%）	样本数	占比（%）	样本数	占比（%）	样本数	占比（%）	样本数	占比（%）
0	0.00	0	0.00	1	14.29	5	71.43	1	14.29	0	0.00

土壤 pH

≤4.5		(4.5～5.5]		(5.5～6.5]		(6.5～7.5]		(7.5～8.5]		>8.5	
样本数	占比（%）	样本数	占比（%）	样本数	占比（%）	样本数	占比（%）	样本数	占比（%）	样本数	占比（%）
0	0.00	0	0.00	1	14.29	6	85.71	0	0.00	0	0.00

粗骨土—酸性粗骨土—麻砂质酸性粗骨土耕地土壤主要理化性状

项目名称	样本数（个）	平均值	标准差	变异系数（%）	范　围
有效土层厚度（cm）	144	70.3	17.54	24.96	60.0～100.0
耕层厚度（cm）	151	20.1	0.57	2.86	20.0～25.0
耕层容重（g/cm^3）	85	1.40	0.08	5.42	1.19～1.62
有机质（g/kg）	141	14.6	5.24	35.77	7.7～30.2
全氮（g/kg）	128	1.072	0.37	34.28	0.300～1.890
有效磷（mg/kg）	144	38.5	27.92	72.47	3.0～110.3
速效钾（mg/kg）	133	151	78.92	52.37	58～400
缓效钾（mg/kg）	115	571	254.34	44.56	100～1 339
有效铜（mg/kg）	51	1.90	1.38	72.82	0.44～5.78
有效锌（mg/kg）	51	2.09	1.78	85.03	0.41～7.38
有效铁（mg/kg）	50	45.59	28.88	63.35	5.10～112.30
有效锰（mg/kg）	59	29.91	24.81	82.97	1.60～100.00
有效硼（mg/kg）	41	0.44	0.29	66.95	0.12～1.19
有效钼（mg/kg）	59	0.174	0.08	43.56	0.050～0.520
有效硫（mg/kg）	59	40.66	24.72	60.81	7.32～127.69
有效硅（mg/kg）	54	135.62	74.57	54.98	51.96～380.00

耕层质地

砂土		砂壤土		轻壤土		中壤土		重壤土		黏土	
样本数	占比（%）	样本数	占比（%）	样本数	占比（%）	样本数	占比（%）	样本数	占比（%）	样本数	占比（%）
34	22.52	76	50.33	17	11.26	5	3.31	13	8.61	6	3.97

土壤 pH

≤4.5		(4.5～5.5]		(5.5～6.5]		(6.5～7.5]		(7.5～8.5]		>8.5	
样本数	占比（%）	样本数	占比（%）	样本数	占比（%）	样本数	占比（%）	样本数	占比（%）	样本数	占比（%）
4	2.65	78	51.66	47	31.13	13	8.61	8	5.30	1	0.66

粗骨土—中性粗骨土—暗泥质中性粗骨土耕地土壤主要理化性状

项目名称	样本数（个）	平均值	标准差	变异系数（%）	范 围
有效土层厚度（cm）	19	68.4	16.75	24.49	60.0～100.0
耕层厚度（cm）	19	20.0	0.00	0.00	20.0～20.0
耕层容重（g/cm^3）	11	1.43	0.09	6.18	1.21～1.54
有机质（g/kg）	18	14.1	4.23	29.98	7.6～22.9
全氮（g/kg）	14	1.256	0.35	27.51	0.500～1.700
有效磷（mg/kg）	18	26.1	19.35	74.18	3.0～68.1
速效钾（mg/kg）	17	173	80.86	46.68	60～400
缓效钾（mg/kg）	14	624	265.75	42.57	259～1 178
有效铜（mg/kg）	4	3.19	2.06	64.51	0.44～5.42
有效锌（mg/kg）	4	3.77	2.83	75.08	0.36～6.66
有效铁（mg/kg）	6	38.66	25.09	64.91	6.30～73.77
有效锰（mg/kg）	6	31.64	34.11	107.83	6.20～100.00
有效硼（mg/kg）	4	0.57	0.43	75.63	0.26～1.18
有效钼（mg/kg）	6	0.118	0.02	19.58	0.090～0.140
有效硫（mg/kg）	5	30.98	13.52	43.65	15.50～50.40
有效硅（mg/kg）	5	161.60	117.60	72.78	80.00～362.86

耕层质地

砂土		砂壤土		轻壤土		中壤土		重壤土		黏土	
样本数	占比（%）	样本数	占比（%）	样本数	占比（%）	样本数	占比（%）	样本数	占比（%）	样本数	占比（%）
1	5.26	11	57.89	6	31.58	1	5.26	0	0.00	0	0.00

土壤 pH

≤4.5		(4.5～5.5]		(5.5～6.5]		(6.5～7.5]		(7.5～8.5]		>8.5	
样本数	占比（%）	样本数	占比（%）	样本数	占比（%）	样本数	占比（%）	样本数	占比（%）	样本数	占比（%）
0	0.00	7	36.84	6	31.58	5	26.32	1	5.26	0	0.00

粗骨土—中性粗骨土—麻砂质中性粗骨土耕地土壤主要理化性状

项目名称	样本数（个）	平均值	标准差	变异系数（%）	范围
有效土层厚度（cm）	11	60.0	0.00	0.00	60.0～60.0
耕层厚度（cm）	15	20.0	0.00	0.00	20.0～20.0
耕层容重（g/cm^3）	5	1.35	0.07	5.42	1.28～1.46
有机质（g/kg）	15	20.0	4.42	22.06	11.2～28.4
全氮（g/kg）	15	1.101	0.34	30.72	0.650～1.870
有效磷（mg/kg）	14	35.7	27.33	76.59	5.7～100.0
速效钾（mg/kg）	14	140	62.20	44.50	92～290
缓效钾（mg/kg）	15	413	132.72	32.17	231～721
有效铜（mg/kg）	14	1.96	0.96	48.85	0.82～4.51
有效锌（mg/kg）	11	1.43	1.55	108.12	0.44～5.90
有效铁（mg/kg）	14	45.96	20.48	44.57	10.32～79.20
有效锰（mg/kg）	15	46.18	31.61	68.44	11.98～100.00
有效硼（mg/kg）	10	0.48	0.28	58.31	0.14～0.85
有效钼（mg/kg）	15	0.183	0.07	37.32	0.070～0.270
有效硫（mg/kg）	15	19.05	11.92	62.58	5.00～47.20
有效硅（mg/kg）	10	167.01	59.37	35.55	92.23～265.41

耕层质地

砂土		砂壤土		轻壤土		中壤土		重壤土		黏土	
样本数	占比（%）	样本数	占比（%）	样本数	占比（%）	样本数	占比（%）	样本数	占比（%）	样本数	占比（%）
0	0.00	0	0.00	6	40.00	9	60.00	0	0.00	0	0.00

土壤 pH

≤4.5		(4.5～5.5]		(5.5～6.5]		(6.5～7.5]		(7.5～8.5]		>8.5	
样本数	占比（%）	样本数	占比（%）	样本数	占比（%）	样本数	占比（%）	样本数	占比（%）	样本数	占比（%）
1	6.67	6	40.00	8	53.33	0	0.00	0	0.00	0	0.00

粗骨土—中性粗骨土—硅质中性粗骨土耕地土壤主要理化性状

项目名称	样本数（个）	平均值	标准差	变异系数（%）	范 围
有效土层厚度（cm）	0	—	—	—	—
耕层厚度（cm）	1	20.0	—	—	—
耕层容重（g/cm^3）	1	1.59	—	—	—
有机质（g/kg）	1	20.1	—	—	—
全氮（g/kg）	1	1.005	—	—	—
有效磷（mg/kg）	1	16.5	—	—	—
速效钾（mg/kg）	1	70	—	—	—
缓效钾（mg/kg）	1	474	—	—	—
有效铜（mg/kg）	1	1.58	—	—	—
有效锌（mg/kg）	1	1.63	—	—	—
有效铁（mg/kg）	1	56.10	—	—	—
有效锰（mg/kg）	1	57.40	—	—	—
有效硼（mg/kg）	1	0.68	—	—	—
有效钼（mg/kg）	1	0.080	—	—	—
有效硫（mg/kg）	1	17.40	—	—	—
有效硅（mg/kg）	1	119.24	—	—	—

耕层质地

砂土		砂壤土		轻壤土		中壤土		重壤土		黏土	
样本数	占比（%）	样本数	占比（%）	样本数	占比（%）	样本数	占比（%）	样本数	占比（%）	样本数	占比（%）
0	0.00	0	0.00	0	0.00	0	0.00	0	0.00	1	100.00

土壤 pH

≤4.5		(4.5～5.5]		(5.5～6.5]		(6.5～7.5]		(7.5～8.5]		>8.5	
样本数	占比（%）	样本数	占比（%）	样本数	占比（%）	样本数	占比（%）	样本数	占比（%）	样本数	占比（%）
0	0.00	1	100.00	0	0.00	0	0.00	0	0.00	0	0.00

粗骨土—中性粗骨土—砂泥质中性粗骨土耕地土壤主要理化性状

项目名称	样本数（个）	平均值	标准差	变异系数（%）	范围
有效土层厚度（cm）	10	100.0	0.00	0.00	100.0～100.0
耕层厚度（cm）	10	20.0	0.00	0.00	20.0～20.0
耕层容重（g/cm^3）	9	1.29	0.00	0.00	1.29～1.29
有机质（g/kg）	10	12.9	2.27	17.63	8.8～15.9
全氮（g/kg）	1	1.800	—	—	—
有效磷（mg/kg）	10	3.4	1.11	33.04	3.0～6.5
速效钾（mg/kg）	6	113	43.67	38.69	76～184
缓效钾（mg/kg）	0	—	—	—	—
有效铜（mg/kg）	0	—	—	—	—
有效锌（mg/kg）	0	—	—	—	—
有效铁（mg/kg）	0	—	—	—	—
有效锰（mg/kg）	0	—	—	—	—
有效硼（mg/kg）	0	—	—	—	—
有效钼（mg/kg）	0	—	—	—	—
有效硫（mg/kg）	0	—	—	—	—
有效硅（mg/kg）	0	—	—	—	—

耕层质地											
砂土		砂壤土		轻壤土		中壤土		重壤土		黏土	
样本数	占比（%）	样本数	占比（%）	样本数	占比（%）	样本数	占比（%）	样本数	占比（%）	样本数	占比（%）
0	0.00	1	10.00	9	90.00	0	0.00	0	0.00	0	0.00

土壤 pH											
≤4.5		(4.5～5.5]		(5.5～6.5]		(6.5～7.5]		(7.5～8.5]		>8.5	
样本数	占比（%）	样本数	占比（%）	样本数	占比（%）	样本数	占比（%）	样本数	占比（%）	样本数	占比（%）
2	20.00	3	30.00	3	30.00	2	20.00	0	0.00	0	0.00

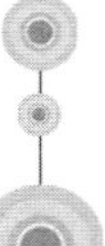

粗骨土—钙质粗骨土—灰泥质钙质粗骨土耕地土壤主要理化性状

项目名称	样本数（个）	平均值	标准差	变异系数（%）	范　围
有效土层厚度（cm）	37	69.7	17.40	24.95	60.0～100.0
耕层厚度（cm）	37	20.0	0.00	0.00	20.0～20.0
耕层容重（g/cm^3）	7	1.32	0.07	5.45	1.22～1.44
有机质（g/kg）	35	16.7	5.58	33.41	8.1～30.0
全氮（g/kg）	37	1.295	0.32	24.55	0.554～1.870
有效磷（mg/kg）	36	29.1	22.91	78.76	3.0～89.6
速效钾（mg/kg）	34	162	52.49	32.44	73～309
缓效钾（mg/kg）	31	652	325.55	49.90	100～1 344
有效铜（mg/kg）	18	2.22	1.47	65.96	0.70～6.02
有效锌（mg/kg）	13	2.15	1.80	83.76	0.85～7.58
有效铁（mg/kg）	21	29.89	22.97	76.84	5.99～72.50
有效锰（mg/kg）	20	25.97	22.87	88.08	4.80～100.00
有效硼（mg/kg）	15	0.88	0.61	69.42	0.16～1.82
有效钼（mg/kg）	21	0.184	0.10	52.40	0.070～0.540
有效硫（mg/kg）	19	32.11	21.85	68.05	10.00～100.39
有效硅（mg/kg）	19	233.62	104.54	44.75	95.26～403.33

耕层质地

砂土		砂壤土		轻壤土		中壤土		重壤土		黏土	
样本数	占比（%）	样本数	占比（%）	样本数	占比（%）	样本数	占比（%）	样本数	占比（%）	样本数	占比（%）
1	2.70	13	35.14	3	8.11	18	48.65	0	0.00	2	5.41

土壤 pH

≤4.5		(4.5～5.5]		(5.5～6.5]		(6.5～7.5]		(7.5～8.5]		>8.5	
样本数	占比（%）	样本数	占比（%）	样本数	占比（%）	样本数	占比（%）	样本数	占比（%）	样本数	占比（%）
0	0.00	6	16.22	6	16.22	12	32.43	13	35.14	0	0.00

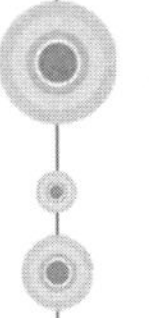

粗骨土—钙质粗骨土—砂泥质钙质粗骨土耕地土壤主要理化性状

项目名称	样本数（个）	平均值	标准差	变异系数（%）	范　围
有效土层厚度（cm）	10	68.0	16.87	24.80	60.0～100.0
耕层厚度（cm）	10	20.0	0.00	0.00	20.0～20.0
耕层容重（g/cm^3）	2	1.47	0.17	11.54	1.35～1.59
有机质（g/kg）	10	13.9	4.66	33.57	7.7～18.9
全氮（g/kg）	10	1.114	0.45	40.50	0.530～1.800
有效磷（mg/kg）	9	35.7	14.85	41.60	14.3～61.9
速效钾（mg/kg）	8	147	70.34	47.74	59～257
缓效钾（mg/kg）	9	661	388.54	58.76	273～1 262
有效铜（mg/kg）	1	0.74	—	—	—
有效锌（mg/kg）	1	0.82	—	—	—
有效铁（mg/kg）	1	8.96	—	—	—
有效锰（mg/kg）	1	3.92	—	—	—
有效硼（mg/kg）	1	0.14	—	—	—
有效钼（mg/kg）	1	0.230	—	—	—
有效硫（mg/kg）	1	7.66	—	—	—
有效硅（mg/kg）	1	206.98	—	—	—

耕层质地

砂土		砂壤土		轻壤土		中壤土		重壤土		黏土	
样本数	占比（%）	样本数	占比（%）	样本数	占比（%）	样本数	占比（%）	样本数	占比（%）	样本数	占比（%）
2	20.00	1	10.00	2	20.00	2	20.00	0	0.00	3	30.00

土壤 pH

≤4.5		(4.5～5.5]		(5.5～6.5]		(6.5～7.5]		(7.5～8.5]		>8.5	
样本数	占比（%）	样本数	占比（%）	样本数	占比（%）	样本数	占比（%）	样本数	占比（%）	样本数	占比（%）
0	0.00	2	20.00	4	40.00	2	20.00	2	20.00	0	0.00

石质土—酸性石质土—麻砂质酸性石质土耕地土壤主要理化性状

项目名称	样本数（个）	平均值	标准差	变异系数（%）	范　围
有效土层厚度（cm）	2	80.0	28.28	35.36	60.0～100.0
耕层厚度（cm）	2	20.0	0.00	0.00	20.0～20.0
耕层容重（g/cm^3）	1	1.35	—	—	—
有机质（g/kg）	0	—	—	—	—
全氮（g/kg）	2	0.895	0.57	64.11	0.489～1.300
有效磷（mg/kg）	2	6.0	4.31	71.30	3.0～9.1
速效钾（mg/kg）	2	128	23.64	18.51	111～144
缓效钾（mg/kg）	2	633	753.85	119.08	100～1 166
有效铜（mg/kg）	1	1.32	—	—	—
有效锌（mg/kg）	1	0.44	—	—	—
有效铁（mg/kg）	1	47.70	—	—	—
有效锰（mg/kg）	1	66.20	—	—	—
有效硼（mg/kg）	0	—	—	—	—
有效钼（mg/kg）	1	0.240	—	—	—
有效硫（mg/kg）	1	38.90	—	—	—
有效硅（mg/kg）	1	297.50	—	—	—

耕层质地

砂土		砂壤土		轻壤土		中壤土		重壤土		黏土	
样本数	占比（%）	样本数	占比（%）	样本数	占比（%）	样本数	占比（%）	样本数	占比（%）	样本数	占比（%）
0	0.00	2	100.00	0	0.00	0	0.00	0	0.00	0	0.00

土壤 pH

≤4.5		(4.5～5.5]		(5.5～6.5]		(6.5～7.5]		(7.5～8.5]		>8.5	
样本数	占比（%）	样本数	占比（%）	样本数	占比（%）	样本数	占比（%）	样本数	占比（%）	样本数	占比（%）
0	0.00	0	0.00	2	100.00	0	0.00	0	0.00	0	0.00

石质土—酸性石质土—灰泥质酸性石质土耕地土壤主要理化性状

项目名称	样本数（个）	平均值	标准差	变异系数（%）	范围
有效土层厚度（cm）	1	60.0	—	—	—
耕层厚度（cm）	1	20.0	—	—	—
耕层容重（g/cm³）	0	—	—	—	—
有机质（g/kg）	1	20.5	—	—	—
全氮（g/kg）	1	1.600	—	—	—
有效磷（mg/kg）	1	52.9	—	—	—
速效钾（mg/kg）	1	374	—	—	—
缓效钾（mg/kg）	1	1 155	—	—	—
有效铜（mg/kg）	0	—	—	—	—
有效锌（mg/kg）	0	—	—	—	—
有效铁（mg/kg）	0	—	—	—	—
有效锰（mg/kg）	0	—	—	—	—
有效硼（mg/kg）	0	—	—	—	—
有效钼（mg/kg）	0	—	—	—	—
有效硫（mg/kg）	0	—	—	—	—
有效硅（mg/kg）	0	—	—	—	—

耕层质地

砂土		砂壤土		轻壤土		中壤土		重壤土		黏土	
样本数	占比（%）	样本数	占比（%）	样本数	占比（%）	样本数	占比（%）	样本数	占比（%）	样本数	占比（%）
0	0.00	0	0.00	0	0.00	1	100.00	0	0.00	0	0.00

土壤 pH

≤4.5		(4.5～5.5]		(5.5～6.5]		(6.5～7.5]		(7.5～8.5]		>8.5	
样本数	占比（%）	样本数	占比（%）	样本数	占比（%）	样本数	占比（%）	样本数	占比（%）	样本数	占比（%）
0	0.00	1	100.00	0	0.00	0	0.00	0	0.00	0	0.00

石质土—中性石质土—硅质中性石质土耕地土壤主要理化性状

项目名称	样本数（个）	平均值	标准差	变异系数（%）	范围
有效土层厚度（cm）	0	—	—	—	—
耕层厚度（cm）	3	20.0	0.00	0.00	20.0～20.0
耕层容重（g/cm^3）	3	1.39	0.08	5.43	1.34～1.48
有机质（g/kg）	3	21.5	4.26	19.80	17.1～25.6
全氮（g/kg）	3	0.848	0.33	38.33	0.520～1.170
有效磷（mg/kg）	3	15.4	7.65	49.81	10.7～24.2
速效钾（mg/kg）	3	80	18.23	22.88	60～96
缓效钾（mg/kg）	3	394	78.69	19.96	304～448
有效铜（mg/kg）	2	1.57	0.16	9.91	1.46～1.68
有效锌（mg/kg）	2	1.00	0.30	29.70	0.79～1.21
有效铁（mg/kg）	2	48.60	7.50	15.42	43.30～53.90
有效锰（mg/kg）	2	78.60	30.26	38.50	57.20～100.00
有效硼（mg/kg）	2	0.54	0.11	20.95	0.46～0.62
有效钼（mg/kg）	2	0.225	0.05	22.00	0.190～0.260
有效硫（mg/kg）	2	18.25	18.03	98.80	5.50～31.00
有效硅（mg/kg）	1	235.26	—	—	—

耕层质地

砂土		砂壤土		轻壤土		中壤土		重壤土		黏土	
样本数	占比（%）	样本数	占比（%）	样本数	占比（%）	样本数	占比（%）	样本数	占比（%）	样本数	占比（%）
0	0.00	0	0.00	2	66.67	1	33.33	0	0.00	0	0.00

土壤 pH

≤4.5		(4.5～5.5]		(5.5～6.5]		(6.5～7.5]		(7.5～8.5]		>8.5	
样本数	占比（%）	样本数	占比（%）	样本数	占比（%）	样本数	占比（%）	样本数	占比（%）	样本数	占比（%）
1	33.33	1	33.33	0	0.00	0	0.00	1	33.33	0	0.00

石质土—中性石质土—砂泥质中性石质土耕地土壤主要理化性状

项目名称	样本数（个）	平均值	标准差	变异系数（%）	范　围
有效土层厚度（cm）	1	60.0	—	—	—
耕层厚度（cm）	1	20.0	—	—	—
耕层容重（g/cm^3）	0	—	—	—	—
有机质（g/kg）	1	19.9	—	—	—
全氮（g/kg）	1	1.600	—	—	—
有效磷（mg/kg）	1	48.0	—	—	—
速效钾（mg/kg）	1	241	—	—	—
缓效钾（mg/kg）	1	1 231	—	—	—
有效铜（mg/kg）	0	—	—	—	—
有效锌（mg/kg）	0	—	—	—	—
有效铁（mg/kg）	0	—	—	—	—
有效锰（mg/kg）	0	—	—	—	—
有效硼（mg/kg）	0	—	—	—	—
有效钼（mg/kg）	0	—	—	—	—
有效硫（mg/kg）	0	—	—	—	—
有效硅（mg/kg）	0	—	—	—	—

耕层质地

砂土		砂壤土		轻壤土		中壤土		重壤土		黏土	
样本数	占比（%）	样本数	占比（%）	样本数	占比（%）	样本数	占比（%）	样本数	占比（%）	样本数	占比（%）
0	0.00	1	100.00	0	0.00	0	0.00	0	0.00	0	0.00

土壤 pH

≤4.5		(4.5～5.5]		(5.5～6.5]		(6.5～7.5]		(7.5～8.5]		>8.5	
样本数	占比（%）	样本数	占比（%）	样本数	占比（%）	样本数	占比（%）	样本数	占比（%）	样本数	占比（%）
0	0.00	0	0.00	0	0.00	1	100.00	0	0.00	0	0.00

石质土—钙质石质土—灰泥质钙质石质土耕地土壤主要理化性状

项目名称	样本数（个）	平均值	标准差	变异系数（%）	范 围
有效土层厚度（cm）	15	84.0	20.28	24.15	60.0～100.0
耕层厚度（cm）	15	20.0	0.00	0.00	20.0～20.0
耕层容重（g/cm^3）	12	1.49	0.07	4.38	1.31～1.53
有机质（g/kg）	15	19.6	5.02	25.64	7.5～26.7
全氮（g/kg）	14	1.243	0.33	26.27	0.570～1.700
有效磷（mg/kg）	15	20.8	11.19	53.90	5.1～44.1
速效钾（mg/kg）	15	163	53.57	32.85	108～288
缓效钾（mg/kg）	14	918	260.18	28.34	483～1 345
有效铜（mg/kg）	12	1.35	0.27	19.92	0.92～1.75
有效锌（mg/kg）	12	3.02	1.27	41.99	1.06～5.09
有效铁（mg/kg）	12	14.90	4.89	32.83	9.50～27.20
有效锰（mg/kg）	12	15.85	7.95	50.18	7.70～39.06
有效硼（mg/kg）	12	0.91	0.26	28.28	0.57～1.34
有效钼（mg/kg）	11	0.249	0.09	36.42	0.110～0.360
有效硫（mg/kg）	12	16.33	5.73	35.12	9.20～29.54
有效硅（mg/kg）	11	239.64	21.16	8.83	207.00～275.00

耕层质地

砂土		砂壤土		轻壤土		中壤土		重壤土		黏土	
样本数	占比（%）	样本数	占比（%）	样本数	占比（%）	样本数	占比（%）	样本数	占比（%）	样本数	占比（%）
0	0.00	2	13.33	10	66.67	3	20.00	0	0.00	0	0.00

土壤 pH

≤4.5		(4.5～5.5]		(5.5～6.5]		(6.5～7.5]		(7.5～8.5]		>8.5	
样本数	占比（%）	样本数	占比（%）	样本数	占比（%）	样本数	占比（%）	样本数	占比（%）	样本数	占比（%）
0	0.00	0	0.00	2	13.33	2	13.33	10	66.67	1	6.67

草甸土—典型草甸土—草甸砂土耕地土壤主要理化性状

项目名称	样本数（个）	平均值	标准差	变异系数（%）	范　围
有效土层厚度（cm）	3	100.0	0.00	0.00	100.0～100.0
耕层厚度（cm）	3	20.0	0.00	0.00	20.0～20.0
耕层容重（g/cm^3）	3	1.37	0.07	5.17	1.31～1.45
有机质（g/kg）	3	15.4	3.76	24.33	11.8～19.3
全氮（g/kg）	3	0.867	0.28	32.07	0.650～1.180
有效磷（mg/kg）	3	9.2	4.24	46.30	5.7～13.9
速效钾（mg/kg）	3	105	17.78	16.93	85～119
缓效钾（mg/kg）	3	992	112.22	11.31	864～1 072
有效铜（mg/kg）	3	0.96	0.37	38.26	0.68～1.38
有效锌（mg/kg）	3	1.76	0.93	52.86	0.69～2.37
有效铁（mg/kg）	3	15.77	3.45	21.87	12.70～19.50
有效锰（mg/kg）	3	3.90	0.95	24.46	3.30～5.00
有效硼（mg/kg）	3	0.94	0.17	17.58	0.77～1.10
有效钼（mg/kg）	3	0.147	0.06	37.55	0.090～0.200
有效硫（mg/kg）	3	39.87	7.31	18.34	32.80～47.40
有效硅（mg/kg）	3	137.67	7.02	5.10	131.00～145.00

耕层质地

砂土		砂壤土		轻壤土		中壤土		重壤土		黏土	
样本数	占比（%）	样本数	占比（%）	样本数	占比（%）	样本数	占比（%）	样本数	占比（%）	样本数	占比（%）
2	66.67	1	33.33	0	0.00	0	0.00	0	0.00	0	0.00

土壤 pH

≤4.5		(4.5～5.5]		(5.5～6.5]		(6.5～7.5]		(7.5～8.5]		>8.5	
样本数	占比（%）	样本数	占比（%）	样本数	占比（%）	样本数	占比（%）	样本数	占比（%）	样本数	占比（%）
0	0.00	0	0.00	0	0.00	0	0.00	3	100.00	0	0.00

草甸土—典型草甸土—草甸壤土耕地土壤主要理化性状

项目名称	样本数（个）	平均值	标准差	变异系数（%）	范围
有效土层厚度（cm）	3	100.0	0.00	0.00	100.0～100.0
耕层厚度（cm）	3	20.0	0.00	0.00	20.0～20.0
耕层容重（g/cm^3）	3	1.27	0.03	2.15	1.24～1.29
有机质（g/kg）	3	22.1	6.75	30.51	16.6～29.7
全氮（g/kg）	3	1.047	0.53	50.25	0.540～1.590
有效磷（mg/kg）	3	17.2	7.92	46.08	11.7～26.3
速效钾（mg/kg）	2	213	139.98	65.73	114～312
缓效钾（mg/kg）	3	807	330.33	40.93	548～1 179
有效铜（mg/kg）	3	1.94	0.49	25.26	1.38～2.28
有效锌（mg/kg）	3	2.49	0.40	16.12	2.21～2.95
有效铁（mg/kg）	3	27.41	7.60	27.72	19.29～34.35
有效锰（mg/kg）	3	15.21	5.02	32.97	10.58～20.54
有效硼（mg/kg）	3	0.41	0.27	65.54	0.21～0.71
有效钼（mg/kg）	3	0.137	0.02	11.18	0.120～0.150
有效硫（mg/kg）	3	13.59	1.46	10.74	11.91～14.54
有效硅（mg/kg）	3	205.72	59.90	29.12	158.77～273.18

耕层质地

砂土		砂壤土		轻壤土		中壤土		重壤土		黏土	
样本数	占比（%）	样本数	占比（%）	样本数	占比（%）	样本数	占比（%）	样本数	占比（%）	样本数	占比（%）
0	0.00	0	0.00	2	66.67	1	33.33	0	0.00	0	0.00

土壤 pH

≤4.5		(4.5～5.5]		(5.5～6.5]		(6.5～7.5]		(7.5～8.5]		>8.5	
样本数	占比（%）	样本数	占比（%）	样本数	占比（%）	样本数	占比（%）	样本数	占比（%）	样本数	占比（%）
0	0.00	0	0.00	0	0.00	0	0.00	3	100.00	0	0.00

草甸土—石灰性草甸土—石灰性草甸砂土耕地土壤主要理化性状

项目名称	样本数（个）	平均值	标准差	变异系数（%）	范　围
有效土层厚度（cm）	0	—	—	—	—
耕层厚度（cm）	1	20.0	—	—	—
耕层容重（g/cm³）	1	1.60	—	—	—
有机质（g/kg）	1	19.7	—	—	—
全氮（g/kg）	1	1.080	—	—	—
有效磷（mg/kg）	1	9.2	—	—	—
速效钾（mg/kg）	1	115	—	—	—
缓效钾（mg/kg）	1	819	—	—	—
有效铜（mg/kg）	1	0.95	—	—	—
有效锌（mg/kg）	1	1.27	—	—	—
有效铁（mg/kg）	1	9.48	—	—	—
有效锰（mg/kg）	1	3.30	—	—	—
有效硼（mg/kg）	1	0.98	—	—	—
有效钼（mg/kg）	1	0.150	—	—	—
有效硫（mg/kg）	1	41.31	—	—	—
有效硅（mg/kg）	1	161.00	—	—	—

耕层质地

砂土		砂壤土		轻壤土		中壤土		重壤土		黏土	
样本数	占比（%）	样本数	占比（%）	样本数	占比（%）	样本数	占比（%）	样本数	占比（%）	样本数	占比（%）
0	0.00	0	0.00	1	100.00	0	0.00	0	0.00	0	0.00

土壤 pH

≤4.5		(4.5～5.5]		(5.5～6.5]		(6.5～7.5]		(7.5～8.5]		>8.5	
样本数	占比（%）	样本数	占比（%）	样本数	占比（%）	样本数	占比（%）	样本数	占比（%）	样本数	占比（%）
0	0.00	0	0.00	0	0.00	0	0.00	1	100.00	0	0.00

潮土—典型潮土—潮砂土耕地土壤主要理化性状

项目名称	样本数（个）	平均值	标准差	变异系数（%）	范 围
有效土层厚度（cm）	764	96.2	11.69	12.15	60.0～100.0
耕层厚度（cm）	771	20.0	0.30	1.51	20.0～25.0
耕层容重（g/cm^3）	616	1.39	0.11	8.11	1.15～1.62
有机质（g/kg）	735	14.9	4.30	28.97	7.5～30.3
全氮（g/kg）	707	0.944	0.29	30.57	0.144～1.848
有效磷（mg/kg）	760	26.6	24.02	90.19	3.0～106.6
速效钾（mg/kg）	733	151	67.96	45.07	58～400
缓效钾（mg/kg）	714	553	317.58	57.43	100～1 358
有效铜（mg/kg）	500	1.55	0.80	51.45	0.43～5.21
有效锌（mg/kg）	486	1.79	1.12	62.70	0.32～7.59
有效铁（mg/kg）	500	22.54	19.51	86.55	3.00～113.00
有效锰（mg/kg）	505	14.09	14.24	101.05	1.65～100.00
有效硼（mg/kg）	489	0.72	0.43	59.37	0.11～2.03
有效钼（mg/kg）	465	0.174	0.11	64.11	0.040～0.670
有效硫（mg/kg）	469	37.22	27.02	72.59	5.00～130.50
有效硅（mg/kg）	435	144.90	69.76	48.14	50.14～524.18

耕层质地

砂土		砂壤土		轻壤土		中壤土		重壤土		黏土	
样本数	占比（%）	样本数	占比（%）	样本数	占比（%）	样本数	占比（%）	样本数	占比（%）	样本数	占比（%）
87	11.28	505	65.50	153	19.84	21	2.72	1	0.13	4	0.52

土壤 pH

≤4.5		(4.5～5.5]		(5.5～6.5]		(6.5～7.5]		(7.5～8.5]		>8.5	
样本数	占比（%）	样本数	占比（%）	样本数	占比（%）	样本数	占比（%）	样本数	占比（%）	样本数	占比（%）
13	1.69	85	11.02	95	12.32	101	13.10	463	60.05	14	1.82

潮土—典型潮土—潮壤土耕地土壤主要理化性状

项目名称	样本数（个）	平均值	标准差	变异系数（%）	范　围
有效土层厚度（cm）	2 443	96.1	11.89	12.37	60.0～100.0
耕层厚度（cm）	2 443	20.0	0.21	1.06	20.0～25.0
耕层容重（g/cm³）	1 590	1.37	0.10	7.38	1.15～1.62
有机质（g/kg）	2 383	16.8	4.70	27.91	7.5～30.7
全氮（g/kg）	2 285	1.090	0.30	27.77	0.143～1.890
有效磷（mg/kg）	2 334	27.5	22.30	81.04	3.0～110.0
速效钾（mg/kg）	2 413	178	84.47	47.43	58～400
缓效钾（mg/kg）	2 233	691	298.29	43.16	100～1 364
有效铜（mg/kg）	1 722	1.68	0.84	50.02	0.44～5.98
有效锌（mg/kg）	1 737	2.01	1.23	61.23	0.32～7.30
有效铁（mg/kg）	1 710	19.54	19.38	99.21	2.90～114.20
有效锰（mg/kg）	1 736	13.89	16.16	116.34	1.54～100.00
有效硼（mg/kg）	1 703	0.71	0.39	54.39	0.12～2.07
有效钼（mg/kg）	1 700	0.186	0.10	54.90	0.039～0.680
有效硫（mg/kg）	1 672	43.47	30.24	69.55	5.00～151.80
有效硅（mg/kg）	1 709	136.36	70.00	51.34	47.28～547.51

耕层质地

砂土		砂壤土		轻壤土		中壤土		重壤土		黏土	
样本数	占比（%）	样本数	占比（%）	样本数	占比（%）	样本数	占比（%）	样本数	占比（%）	样本数	占比（%）
53	2.17	366	14.96	1275	52.10	638	26.07	90	3.68	25	1.02

土壤 pH

≤4.5		(4.5～5.5]		(5.5～6.5]		(6.5～7.5]		(7.5～8.5]		>8.5	
样本数	占比（%）	样本数	占比（%）	样本数	占比（%）	样本数	占比（%）	样本数	占比（%）	样本数	占比（%）
12	0.49	153	6.25	219	8.95	308	12.59	1722	70.37	33	1.35

潮土—典型潮土—潮黏土耕地土壤主要理化性状

项目名称	样本数（个）	平均值	标准差	变异系数（%）	范　围
有效土层厚度（cm）	430	96.7	10.95	11.32	60.0～100.0
耕层厚度（cm）	427	20.1	0.33	1.63	20.0～22.0
耕层容重（g/cm^3）	331	1.35	0.08	6.13	1.16～1.61
有机质（g/kg）	412	18.9	4.38	23.20	9.3～30.6
全氮（g/kg）	387	1.160	0.33	28.56	0.150～1.870
有效磷（mg/kg）	425	21.2	15.08	71.14	3.0～96.0
速效钾（mg/kg）	425	209	91.86	43.87	59～400
缓效钾（mg/kg）	403	731	269.87	36.90	100～1 335
有效铜（mg/kg）	286	1.76	0.94	53.25	0.43～5.87
有效锌（mg/kg）	288	1.78	1.15	64.74	0.37～6.81
有效铁（mg/kg）	277	12.69	10.78	84.93	3.08～111.37
有效锰（mg/kg）	289	11.60	8.43	72.63	1.65～87.00
有效硼（mg/kg）	282	0.68	0.37	53.60	0.12～2.02
有效钼（mg/kg）	275	0.169	0.08	49.12	0.048～0.630
有效硫（mg/kg）	276	46.33	37.75	81.49	5.00～147.12
有效硅（mg/kg）	283	137.65	62.03	45.07	49.38～437.00

耕层质地

砂土		砂壤土		轻壤土		中壤土		重壤土		黏土	
样本数	占比（%）	样本数	占比（%）	样本数	占比（%）	样本数	占比（%）	样本数	占比（%）	样本数	占比（%）
1	0.23	13	3.02	57	13.26	75	17.44	218	50.70	66	15.35

土壤 pH

≤4.5		(4.5～5.5]		(5.5～6.5]		(6.5～7.5]		(7.5～8.5]		>8.5	
样本数	占比（%）	样本数	占比（%）	样本数	占比（%）	样本数	占比（%）	样本数	占比（%）	样本数	占比（%）
1	0.23	11	2.56	5	1.16	40	9.30	370	86.05	3	0.70

潮土—典型潮土—石灰性潮砂土耕地土壤主要理化性状

项目名称	样本数（个）	平均值	标准差	变异系数（%）	范　围
有效土层厚度（cm）	1 124	98.2	8.33	8.48	60.0～100.0
耕层厚度（cm）	1 108	20.1	0.58	2.91	20.0～25.0
耕层容重（g/cm³）	1 071	1.36	0.10	7.13	1.15～1.62
有机质（g/kg）	1 074	15.0	4.20	28.03	7.4～30.5
全氮（g/kg）	1 120	0.962	0.27	27.97	0.147～1.820
有效磷（mg/kg）	1 110	21.3	16.14	75.82	3.0～108.7
速效钾（mg/kg）	1 097	144	64.25	44.68	58～400
缓效钾（mg/kg）	1 106	669	228.28	34.13	100～1 364
有效铜（mg/kg）	960	1.62	0.92	57.09	0.43～6.15
有效锌（mg/kg）	974	1.83	1.12	61.20	0.32～7.48
有效铁（mg/kg）	990	15.50	11.24	72.51	2.92～111.00
有效锰（mg/kg）	987	12.99	8.99	69.18	2.55～100.00
有效硼（mg/kg）	953	0.62	0.32	50.94	0.12～1.91
有效钼（mg/kg）	936	0.161	0.08	50.88	0.040～0.670
有效硫（mg/kg）	995	24.75	15.25	61.61	5.00～116.00
有效硅（mg/kg）	914	216.14	134.65	62.30	47.10～564.00

耕层质地

砂土		砂壤土		轻壤土		中壤土		重壤土		黏土	
样本数	占比（%）	样本数	占比（%）	样本数	占比（%）	样本数	占比（%）	样本数	占比（%）	样本数	占比（%）
289	25.71	685	60.94	78	6.94	64	5.69	6	0.53	2	0.18

土壤 pH

≤4.5		(4.5～5.5]		(5.5～6.5]		(6.5～7.5]		(7.5～8.5]		>8.5	
样本数	占比（%）	样本数	占比（%）	样本数	占比（%）	样本数	占比（%）	样本数	占比（%）	样本数	占比（%）
0	0.00	7	0.62	9	0.80	32	2.85	963	85.68	113	10.05

潮土—典型潮土—石灰性潮壤土耕地土壤主要理化性状

项目名称	样本数（个）	平均值	标准差	变异系数（%）	范　围
有效土层厚度（cm）	4 624	96.9	10.65	10.99	60.0～100.0
耕层厚度（cm）	4 554	20.1	0.69	3.41	20.0～25.0
耕层容重（g/cm^3）	4 087	1.35	0.09	6.94	1.15～1.62
有机质（g/kg）	4 510	17.6	4.52	25.69	7.5～30.5
全氮（g/kg）	4 514	1.109	0.28	24.99	0.142～1.880
有效磷（mg/kg）	4 587	20.9	15.40	73.56	3.0～110.0
速效钾（mg/kg）	4 596	175	76.74	43.92	58～400
缓效钾（mg/kg）	4 515	774	249.46	32.23	100～1 364
有效铜（mg/kg）	3 729	1.53	0.77	50.27	0.43～6.15
有效锌（mg/kg）	3 739	1.74	1.08	62.06	0.32～7.53
有效铁（mg/kg）	3 812	14.67	11.13	75.89	2.90～110.27
有效锰（mg/kg）	3 848	12.66	9.21	72.73	1.57～100.00
有效硼（mg/kg）	3 730	0.71	0.37	52.20	0.11～2.07
有效钼（mg/kg）	3 460	0.157	0.09	57.33	0.040～0.680
有效硫（mg/kg）	3 673	32.68	24.69	75.54	5.00～152.41
有效硅（mg/kg）	3 323	167.61	90.32	53.89	47.28～561.33

耕层质地

砂土		砂壤土		轻壤土		中壤土		重壤土		黏土	
样本数	占比（%）	样本数	占比（%）	样本数	占比（%）	样本数	占比（%）	样本数	占比（%）	样本数	占比（%）
13	0.28	214	4.62	1 878	40.58	2 186	47.23	192	4.15	145	3.13

土壤 pH

≤4.5		(4.5～5.5]		(5.5～6.5]		(6.5～7.5]		(7.5～8.5]		>8.5	
样本数	占比（%）	样本数	占比（%）	样本数	占比（%）	样本数	占比（%）	样本数	占比（%）	样本数	占比（%）
0	0.00	15	0.32	65	1.40	245	5.29	4 012	86.69	291	6.29

潮土—典型潮土—石灰性潮黏土耕地土壤主要理化性状

项目名称	样本数（个）	平均值	标准差	变异系数（%）	范　围
有效土层厚度（cm）	1 621	99.5	4.31	4.33	60.0～100.0
耕层厚度（cm）	1 612	20.2	0.91	4.51	20.0～25.0
耕层容重（g/cm³）	1 572	1.33	0.08	6.32	1.15～1.61
有机质（g/kg）	1 589	19.6	4.41	22.51	7.5～30.7
全氮（g/kg）	1 573	1.248	0.25	20.18	0.150～1.890
有效磷（mg/kg）	1 618	19.3	12.98	67.11	3.0～104.4
速效钾（mg/kg）	1 612	193	71.41	36.93	58～400
缓效钾（mg/kg）	1 605	695	300.68	43.23	100～1 362
有效铜（mg/kg）	1 448	1.55	0.68	43.60	0.44～5.82
有效锌（mg/kg）	1 438	1.38	0.87	63.20	0.32～7.29
有效铁（mg/kg）	1 489	17.41	12.44	71.46	2.90～92.17
有效锰（mg/kg）	1 489	17.00	11.15	65.58	1.76～100.00
有效硼（mg/kg）	1 439	0.62	0.32	52.10	0.12～2.07
有效钼（mg/kg）	1 458	0.194	0.09	44.72	0.040～0.680
有效硫（mg/kg）	1 493	21.71	15.04	69.26	5.00～139.40
有效硅（mg/kg）	1 385	250.20	144.64	57.81	49.88～563.21

耕层质地

砂土		砂壤土		轻壤土		中壤土		重壤土		黏土	
样本数	占比（%）	样本数	占比（%）	样本数	占比（%）	样本数	占比（%）	样本数	占比（%）	样本数	占比（%）
1	0.06	21	1.30	40	2.47	198	12.21	514	31.71	847	52.25

土壤 pH

≤4.5		(4.5～5.5]		(5.5～6.5]		(6.5～7.5]		(7.5～8.5]		>8.5	
样本数	占比（%）	样本数	占比（%）	样本数	占比（%）	样本数	占比（%）	样本数	占比（%）	样本数	占比（%）
0	0.00	32	1.97	84	5.18	176	10.86	1212	74.77	117	7.22

潮土—灰潮土—石灰性灰潮砂土耕地土壤主要理化性状

项目名称	样本数（个）	平均值	标准差	变异系数（%）	范 围
有效土层厚度（cm）	2	100.0	0.00	0.00	100.0～100.0
耕层厚度（cm）	2	20.0	0.00	0.00	20.0～20.0
耕层容重（g/cm^3）	2	1.26	0.00	0.00	1.26～1.26
有机质（g/kg）	2	13.9	0.24	1.73	13.7～14.0
全氮（g/kg）	2	0.990	0.27	27.14	0.800～1.180
有效磷（mg/kg）	2	15.2	0.64	4.20	14.7～15.6
速效钾（mg/kg）	2	101	7.07	7.00	96～106
缓效钾（mg/kg）	2	271	98.31	36.33	201～340
有效铜（mg/kg）	2	0.94	0.30	31.59	0.73～1.15
有效锌（mg/kg）	2	1.10	0.05	4.52	1.06～1.13
有效铁（mg/kg）	2	20.17	9.26	45.93	13.62～26.72
有效锰（mg/kg）	2	10.35	1.20	11.61	9.50～11.20
有效硼（mg/kg）	2	0.60	0.06	9.43	0.56～0.64
有效钼（mg/kg）	2	0.265	0.02	8.00	0.250～0.280
有效硫（mg/kg）	2	5.95	1.34	22.58	5.00～6.90
有效硅（mg/kg）	2	249.15	249.97	100.33	72.39～425.90

耕层质地

砂土		砂壤土		轻壤土		中壤土		重壤土		黏土	
样本数	占比（%）	样本数	占比（%）	样本数	占比（%）	样本数	占比（%）	样本数	占比（%）	样本数	占比（%）
2	100.00	0	0.00	0	0.00	0	0.00	0	0.00	0	0.00

土壤 pH

≤4.5		(4.5～5.5]		(5.5～6.5]		(6.5～7.5]		(7.5～8.5]		>8.5	
样本数	占比（%）	样本数	占比（%）	样本数	占比（%）	样本数	占比（%）	样本数	占比（%）	样本数	占比（%）
0	0.00	0	0.00	0	0.00	0	0.00	2	100.00	0	0.00

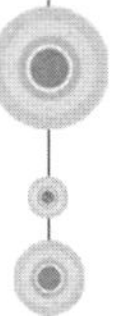

潮土—灰潮土—灰潮砂土耕地土壤主要理化性状

项目名称	样本数（个）	平均值	标准差	变异系数（%）	范　围
有效土层厚度（cm）	44	92.7	15.61	16.83	60.0～100.0
耕层厚度（cm）	45	20.2	0.80	3.95	20.0～25.0
耕层容重（g/cm^3）	43	1.29	0.09	6.93	1.18～1.48
有机质（g/kg）	45	15.9	3.66	23.03	8.6～26.0
全氮（g/kg）	45	1.033	0.23	22.71	0.650～1.690
有效磷（mg/kg）	45	23.2	13.33	57.48	6.8～62.3
速效钾（mg/kg）	39	120	57.66	48.08	59～283
缓效钾（mg/kg）	45	451	216.20	47.91	200～1 050
有效铜（mg/kg）	38	2.51	0.85	33.73	0.68～3.71
有效锌（mg/kg）	38	1.70	0.80	46.84	0.33～3.85
有效铁（mg/kg）	37	63.34	23.03	36.36	8.02～101.64
有效锰（mg/kg）	38	83.99	23.08	27.48	14.31～100.00
有效硼（mg/kg）	38	0.49	0.25	50.88	0.19～1.23
有效钼（mg/kg）	37	0.192	0.07	36.71	0.060～0.300
有效硫（mg/kg）	37	16.22	7.46	46.01	5.00～31.15
有效硅（mg/kg）	26	303.95	140.24	46.14	52.78～519.81

耕层质地

砂土		砂壤土		轻壤土		中壤土		重壤土		黏土	
样本数	占比（%）	样本数	占比（%）	样本数	占比（%）	样本数	占比（%）	样本数	占比（%）	样本数	占比（%）
10	22.22	28	62.22	7	15.56	0	0.00	0	0.00	0	0.00

土壤 pH

≤4.5		(4.5～5.5]		(5.5～6.5]		(6.5～7.5]		(7.5～8.5]		>8.5	
样本数	占比（%）	样本数	占比（%）	样本数	占比（%）	样本数	占比（%）	样本数	占比（%）	样本数	占比（%）
0	0.00	20	44.44	10	22.22	13	28.89	2	4.44	0	0.00

潮土—灰潮土—灰潮壤土耕地土壤主要理化性状

项目名称	样本数（个）	平均值	标准差	变异系数（%）	范　围
有效土层厚度（cm）	162	94.6	13.75	14.54	60.0～100.0
耕层厚度（cm）	162	20.0	0.29	1.46	20.0～23.0
耕层容重（g/cm^3）	155	1.35	0.10	7.39	1.17～1.56
有机质（g/kg）	149	17.1	4.30	25.21	9.8～30.7
全氮（g/kg）	160	0.974	0.23	23.96	0.360～1.720
有效磷（mg/kg）	162	23.7	13.48	56.91	3.2～73.0
速效钾（mg/kg）	156	116	34.46	29.83	60～223
缓效钾（mg/kg）	162	623	195.85	31.45	224～1 160
有效铜（mg/kg）	112	2.01	0.79	39.45	0.57～4.46
有效锌（mg/kg）	108	1.42	0.62	44.05	0.41～4.45
有效铁（mg/kg）	90	62.21	26.85	43.17	10.20～114.00
有效锰（mg/kg）	113	64.05	29.02	45.32	4.05～100.00
有效硼（mg/kg）	111	0.55	0.35	63.16	0.12～1.92
有效钼（mg/kg）	108	0.137	0.09	66.33	0.040～0.410
有效硫（mg/kg）	113	20.25	9.91	48.94	5.00～53.85
有效硅（mg/kg）	48	229.18	108.25	47.23	69.93～557.81

耕层质地

砂土		砂壤土		轻壤土		中壤土		重壤土		黏土	
样本数	占比（%）	样本数	占比（%）	样本数	占比（%）	样本数	占比（%）	样本数	占比（%）	样本数	占比（%）
0	0.00	8	4.94	65	40.12	87	53.70	2	1.23	0	0.00

土壤 pH

≤4.5		(4.5～5.5]		(5.5～6.5]		(6.5～7.5]		(7.5～8.5]		>8.5	
样本数	占比（%）	样本数	占比（%）	样本数	占比（%）	样本数	占比（%）	样本数	占比（%）	样本数	占比（%）
1	0.62	90	55.56	38	23.46	33	20.37	0	0.00	0	0.00

潮土—灰潮土—灰潮黏土耕地土壤主要理化性状

项目名称	样本数（个）	平均值	标准差	变异系数（%）	范　围
有效土层厚度（cm）	10	100.0	0.00	0.00	100.0～100.0
耕层厚度（cm）	6	20.0	0.00	0.00	20.0～20.0
耕层容重（g/cm^3）	10	1.25	0.05	3.79	1.20～1.34
有机质（g/kg）	10	19.8	4.32	21.85	15.6～27.3
全氮（g/kg）	10	1.090	0.21	19.21	0.830～1.480
有效磷（mg/kg）	9	24.8	19.86	80.06	7.7～67.3
速效钾（mg/kg）	10	138	43.80	31.78	90～199
缓效钾（mg/kg）	10	615	133.95	21.78	303～779
有效铜（mg/kg）	8	2.85	1.52	53.23	1.05～5.49
有效锌（mg/kg）	6	1.26	1.11	87.44	0.63～3.48
有效铁（mg/kg）	7	60.74	34.07	56.08	11.22～92.20
有效锰（mg/kg）	8	66.62	24.86	37.32	26.21～100.00
有效硼（mg/kg）	8	0.71	0.39	54.78	0.18～1.28
有效钼（mg/kg）	8	0.224	0.08	37.84	0.120～0.340
有效硫（mg/kg）	8	15.36	5.56	36.21	8.79～22.80
有效硅（mg/kg）	7	146.00	92.20	63.15	50.41～324.56

耕层质地

砂土		砂壤土		轻壤土		中壤土		重壤土		黏土	
样本数	占比（%）	样本数	占比（%）	样本数	占比（%）	样本数	占比（%）	样本数	占比（%）	样本数	占比（%）
0	0.00	0	0.00	0	0.00	6	60.00	2	20.00	2	20.00

土壤 pH

≤4.5		(4.5～5.5]		(5.5～6.5]		(6.5～7.5]		(7.5～8.5]		>8.5	
样本数	占比（%）	样本数	占比（%）	样本数	占比（%）	样本数	占比（%）	样本数	占比（%）	样本数	占比（%）
0	0.00	2	20.00	6	60.00	2	20.00	0	0.00	0	0.00

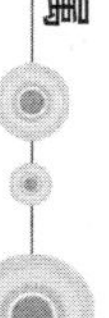

潮土—脱潮土—脱潮砂土耕地土壤主要理化性状

项目名称	样本数（个）	平均值	标准差	变异系数（%）	范　围
有效土层厚度（cm）	188	99.4	5.03	5.06	60.0～100.0
耕层厚度（cm）	184	20.2	0.94	4.67	20.0～25.0
耕层容重（g/cm³）	179	1.42	0.08	5.92	1.15～1.60
有机质（g/kg）	177	13.5	3.86	28.57	7.7～29.9
全氮（g/kg）	189	0.818	0.25	31.00	0.200～1.580
有效磷（mg/kg）	188	20.7	17.43	84.35	3.0～97.0
速效钾（mg/kg）	186	163	74.40	45.64	60～400
缓效钾（mg/kg）	187	746	221.72	29.71	100～1 214
有效铜（mg/kg）	171	1.04	0.64	61.34	0.47～5.65
有效锌（mg/kg）	179	1.57	0.71	45.46	0.33～5.85
有效铁（mg/kg）	177	12.58	10.51	83.56	3.41～76.50
有效锰（mg/kg）	179	10.43	4.85	46.51	3.00～36.31
有效硼（mg/kg）	170	0.95	0.32	34.34	0.24～1.97
有效钼（mg/kg）	175	0.116	0.07	63.38	0.040～0.500
有效硫（mg/kg）	178	23.92	17.10	71.49	5.88～146.82
有效硅（mg/kg）	173	136.65	52.89	38.70	50.38～317.00

耕层质地

砂土		砂壤土		轻壤土		中壤土		重壤土		黏土	
样本数	占比（%）	样本数	占比（%）	样本数	占比（%）	样本数	占比（%）	样本数	占比（%）	样本数	占比（%）
9	4.76	171	90.48	7	3.70	1	0.53	1	0.53	0	0.00

土壤 pH

≤4.5		(4.5～5.5]		(5.5～6.5]		(6.5～7.5]		(7.5～8.5]		>8.5	
样本数	占比（%）	样本数	占比（%）	样本数	占比（%）	样本数	占比（%）	样本数	占比（%）	样本数	占比（%）
0	0.00	5	2.65	4	2.12	4	2.12	115	60.85	61	32.28

潮土—脱潮土—脱潮壤土耕地土壤主要理化性状

项目名称	样本数（个）	平均值	标准差	变异系数（%）	范　围
有效土层厚度（cm）	1 284	100.0	0.00	0.00	100.0～100.0
耕层厚度（cm）	1 249	20.3	1.11	5.47	20.0～25.0
耕层容重（g/cm^3）	1 110	1.37	0.11	7.66	1.15～1.62
有机质（g/kg）	1 254	16.9	4.60	27.22	7.5～30.7
全氮（g/kg）	1 213	1.051	0.28	26.94	0.152～1.890
有效磷（mg/kg）	1 251	25.0	18.23	73.03	3.0～105.0
速效钾（mg/kg）	1 276	173	77.89	44.97	62～400
缓效钾（mg/kg）	1 245	803	198.70	24.76	100～1 364
有效铜（mg/kg）	1 043	1.28	0.69	54.29	0.43～5.54
有效锌（mg/kg）	1 067	1.87	1.11	59.30	0.34～7.46
有效铁（mg/kg）	1 026	13.41	11.06	82.45	2.97～106.71
有效锰（mg/kg）	1 056	11.72	8.52	72.70	1.54～99.55
有效硼（mg/kg）	1 025	0.81	0.34	42.20	0.12～2.07
有效钼（mg/kg）	1 018	0.150	0.10	66.85	0.040～0.670
有效硫（mg/kg）	1 048	30.81	20.80	67.51	5.00～147.73
有效硅（mg/kg）	990	140.85	67.27	47.76	47.22～531.80

耕层质地

砂土		砂壤土		轻壤土		中壤土		重壤土		黏土	
样本数	占比（%）	样本数	占比（%）	样本数	占比（%）	样本数	占比（%）	样本数	占比（%）	样本数	占比（%）
3	0.23	178	13.86	659	51.32	415	32.32	21	1.64	8	0.62

土壤 pH

≤4.5		(4.5～5.5]		(5.5～6.5]		(6.5～7.5]		(7.5～8.5]		>8.5	
样本数	占比（%）	样本数	占比（%）	样本数	占比（%）	样本数	占比（%）	样本数	占比（%）	样本数	占比（%）
2	0.16	12	0.93	25	1.95	67	5.22	1 056	82.24	122	9.50

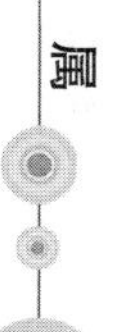

潮土—脱潮土—脱潮黏土耕地土壤主要理化性状

项目名称	样本数（个）	平均值	标准差	变异系数（%）	范围
有效土层厚度（cm）	53	100.0	0.00	0.00	100.0～100.0
耕层厚度（cm）	53	20.1	0.69	3.42	20.0～25.0
耕层容重（g/cm^3）	44	1.41	0.11	7.98	1.18～1.56
有机质（g/kg）	51	19.1	3.98	20.82	11.0～26.8
全氮（g/kg）	53	1.197	0.25	20.52	0.740～1.864
有效磷（mg/kg）	52	27.0	14.01	51.95	9.0～77.5
速效钾（mg/kg）	53	178	82.47	46.34	67～391
缓效钾（mg/kg）	49	953	212.14	22.25	258～1 315
有效铜（mg/kg）	43	1.64	0.68	41.69	0.79～3.79
有效锌（mg/kg）	41	1.92	1.00	52.05	0.50～4.36
有效铁（mg/kg）	39	14.26	9.15	64.17	4.72～51.90
有效锰（mg/kg）	43	8.63	5.63	65.20	1.91～27.64
有效硼（mg/kg）	42	0.85	0.41	48.01	0.20～1.95
有效钼（mg/kg）	41	0.175	0.07	40.02	0.070～0.370
有效硫（mg/kg）	42	43.71	24.30	55.58	5.00～138.42
有效硅（mg/kg）	36	123.34	40.07	32.49	48.25～250.20

耕层质地

砂土		砂壤土		轻壤土		中壤土		重壤土		黏土	
样本数	占比（%）	样本数	占比（%）	样本数	占比（%）	样本数	占比（%）	样本数	占比（%）	样本数	占比（%）
0	0.00	5	9.43	14	26.42	21	39.62	8	15.09	5	9.43

土壤 pH

≤4.5		(4.5～5.5]		(5.5～6.5]		(6.5～7.5]		(7.5～8.5]		>8.5	
样本数	占比（%）	样本数	占比（%）	样本数	占比（%）	样本数	占比（%）	样本数	占比（%）	样本数	占比（%）
0	0.00	0	0.00	0	0.00	0	0.00	53	100.00	0	0.00

潮土—湿潮土—湿潮砂土耕地土壤主要理化性状

项目名称	样本数（个）	平均值	标准差	变异系数（%）	范　围
有效土层厚度（cm）	17	78.8	20.58	26.11	60.0～100.0
耕层厚度（cm）	17	20.0	0.00	0.00	20.0～20.0
耕层容重（g/cm^3）	17	1.38	0.11	7.83	1.17～1.53
有机质（g/kg）	17	15.3	4.68	30.55	9.1～24.8
全氮（g/kg）	15	1.091	0.25	23.16	0.600～1.450
有效磷（mg/kg）	16	10.4	9.89	95.38	3.0～28.0
速效钾（mg/kg）	15	214	77.01	36.06	90～400
缓效钾（mg/kg）	15	420	331.99	78.96	100～906
有效铜（mg/kg）	8	1.99	1.32	66.55	0.43～4.16
有效锌（mg/kg）	9	1.44	0.79	54.94	0.52～2.88
有效铁（mg/kg）	9	20.76	27.90	134.40	6.38～94.50
有效锰（mg/kg）	9	11.68	7.87	67.36	3.20～30.50
有效硼（mg/kg）	8	0.75	0.33	43.83	0.20～1.20
有效钼（mg/kg）	6	0.112	0.06	49.51	0.050～0.210
有效硫（mg/kg）	8	37.51	31.03	82.72	5.20～101.00
有效硅（mg/kg）	9	184.50	86.96	47.14	89.28～368.58

耕层质地

砂土		砂壤土		轻壤土		中壤土		重壤土		黏土	
样本数	占比（%）	样本数	占比（%）	样本数	占比（%）	样本数	占比（%）	样本数	占比（%）	样本数	占比（%）
6	35.29	7	41.18	2	11.76	1	5.88	0	0.00	1	5.88

土壤 pH

≤4.5		(4.5～5.5]		(5.5～6.5]		(6.5～7.5]		(7.5～8.5]		>8.5	
样本数	占比（%）	样本数	占比（%）	样本数	占比（%）	样本数	占比（%）	样本数	占比（%）	样本数	占比（%）
0	0.00	3	17.65	6	35.29	4	23.53	4	23.53	0	0.00

潮土—湿潮土—湿潮壤土耕地土壤主要理化性状

项目名称	样本数（个）	平均值	标准差	变异系数（%）	范　围
有效土层厚度（cm）	176	89.3	17.75	19.87	60.0～100.0
耕层厚度（cm）	177	20.0	0.00	0.00	20.0～20.0
耕层容重（g/cm^3）	127	1.39	0.11	7.82	1.17～1.62
有机质（g/kg）	170	19.0	5.13	27.03	10.0～30.7
全氮（g/kg）	152	1.206	0.31	26.06	0.163～1.837
有效磷（mg/kg）	162	27.1	24.23	89.33	3.0～99.6
速效钾（mg/kg）	177	196	94.14	48.06	59～400
缓效钾（mg/kg）	156	662	347.09	52.41	100～1 352
有效铜（mg/kg）	139	2.11	1.20	56.81	0.46～6.00
有效锌（mg/kg）	134	2.18	1.44	66.06	0.37～7.45
有效铁（mg/kg）	141	23.54	20.04	85.11	4.30～113.91
有效锰（mg/kg）	147	19.12	16.07	84.03	2.30～99.20
有效硼（mg/kg）	138	0.79	0.43	54.36	0.13～1.96
有效钼（mg/kg）	127	0.173	0.08	48.42	0.040～0.480
有效硫（mg/kg）	135	35.52	27.77	78.17	5.10～150.00
有效硅（mg/kg）	131	208.30	83.72	40.19	60.89～521.00

耕层质地

砂土		砂壤土		轻壤土		中壤土		重壤土		黏土	
样本数	占比（%）	样本数	占比（%）	样本数	占比（%）	样本数	占比（%）	样本数	占比（%）	样本数	占比（%）
3	1.68	2	1.12	52	29.05	87	48.60	30	16.76	5	2.79

土壤 pH

≤4.5		(4.5～5.5]		(5.5～6.5]		(6.5～7.5]		(7.5～8.5]		>8.5	
样本数	占比（%）	样本数	占比（%）	样本数	占比（%）	样本数	占比（%）	样本数	占比（%）	样本数	占比（%）
0	0.00	21	11.73	19	10.61	27	15.08	106	59.22	6	3.35

潮土—湿潮土—湿潮黏土耕地土壤主要理化性状

项目名称	样本数（个）	平均值	标准差	变异系数（%）	范　围
有效土层厚度（cm）	117	100.0	0.00	0.00	100.0～100.0
耕层厚度（cm）	118	20.1	0.50	2.50	20.0～25.0
耕层容重（g/cm^3）	84	1.36	0.11	8.05	1.15～1.62
有机质（g/kg）	106	20.9	5.60	26.83	7.6～30.0
全氮（g/kg）	102	1.257	0.33	26.02	0.341～1.860
有效磷（mg/kg）	116	30.5	23.37	76.51	3.0～102.7
速效钾（mg/kg）	118	232	94.39	40.67	67～400
缓效钾（mg/kg）	105	779	348.91	44.78	100～1 360
有效铜（mg/kg）	92	2.22	1.18	53.13	0.50～5.70
有效锌（mg/kg）	91	1.93	1.09	56.59	0.35～5.29
有效铁（mg/kg）	93	24.30	20.35	83.75	3.60～112.30
有效锰（mg/kg）	94	16.58	14.55	87.79	1.70～100.00
有效硼（mg/kg）	93	0.76	0.39	51.15	0.21～1.96
有效钼（mg/kg）	73	0.160	0.07	44.98	0.060～0.370
有效硫（mg/kg）	87	34.14	29.80	87.30	5.00～151.70
有效硅（mg/kg）	68	224.90	96.98	43.12	66.39～500.00

耕层质地

砂土		砂壤土		轻壤土		中壤土		重壤土		黏土	
样本数	占比（%）	样本数	占比（%）	样本数	占比（%）	样本数	占比（%）	样本数	占比（%）	样本数	占比（%）
0	0.00	2	1.69	6	5.08	28	23.73	55	46.61	27	22.88

土壤 pH

≤4.5		(4.5～5.5]		(5.5～6.5]		(6.5～7.5]		(7.5～8.5]		>8.5	
样本数	占比（%）	样本数	占比（%）	样本数	占比（%）	样本数	占比（%）	样本数	占比（%）	样本数	占比（%）
0	0.00	2	1.69	18	15.25	9	7.63	81	68.64	8	6.78

潮土—盐化潮土—氯化物潮土耕地土壤主要理化性状

项目名称	样本数（个）	平均值	标准差	变异系数（%）	范　围
有效土层厚度（cm）	1 172	97.9	8.89	9.08	60.0～100.0
耕层厚度（cm）	1 142	20.1	0.64	3.19	20.0～25.0
耕层容重（g/cm^3）	846	1.37	0.10	7.08	1.15～1.62
有机质（g/kg）	1 129	16.7	4.65	27.93	7.5～30.7
全氮（g/kg）	1 153	1.051	0.29	27.60	0.205～1.887
有效磷（mg/kg）	1 157	23.9	19.02	79.74	3.0～105.0
速效钾（mg/kg）	1 161	198	92.78	46.80	58～400
缓效钾（mg/kg）	1 133	782	260.96	33.37	100～1 363
有效铜（mg/kg）	952	1.75	0.89	50.49	0.43～5.87
有效锌（mg/kg）	951	1.88	1.20	64.04	0.33～7.47
有效铁（mg/kg）	974	16.61	12.02	72.33	2.97～77.54
有效锰（mg/kg）	967	10.55	7.17	67.95	1.55～67.70
有效硼（mg/kg）	948	0.75	0.36	47.73	0.12～2.03
有效钼（mg/kg）	821	0.164	0.08	45.84	0.040～0.620
有效硫（mg/kg）	908	46.86	31.70	67.65	5.00～152.40
有效硅（mg/kg）	821	150.85	82.84	54.92	46.96～557.23

耕层质地

砂土		砂壤土		轻壤土		中壤土		重壤土		黏土	
样本数	占比（%）	样本数	占比（%）	样本数	占比（%）	样本数	占比（%）	样本数	占比（%）	样本数	占比（%）
27	2.30	176	15.02	444	37.88	368	31.40	125	10.67	32	2.73

土壤 pH

≤4.5		(4.5～5.5]		(5.5～6.5]		(6.5～7.5]		(7.5～8.5]		>8.5	
样本数	占比（%）	样本数	占比（%）	样本数	占比（%）	样本数	占比（%）	样本数	占比（%）	样本数	占比（%）
0	0.00	4	0.34	10	0.85	46	3.92	1 014	86.52	98	8.36

潮土—盐化潮土—硫酸盐潮土耕地土壤主要理化性状

项目名称	样本数（个）	平均值	标准差	变异系数（%）	范　围
有效土层厚度（cm）	313	99.1	5.92	5.98	60.0～100.0
耕层厚度（cm）	303	20.0	0.41	2.02	20.0～25.0
耕层容重（g/cm^3）	251	1.38	0.09	6.72	1.16～1.62
有机质（g/kg）	295	17.4	4.49	25.88	8.0～29.5
全氮（g/kg）	294	1.047	0.34	32.29	0.150～1.780
有效磷（mg/kg）	296	21.6	17.53	81.14	3.0～100.7
速效钾（mg/kg）	312	195	86.41	44.38	59～400
缓效钾（mg/kg）	288	767	333.00	43.40	100～1 351
有效铜（mg/kg）	272	1.59	0.86	53.80	0.44～5.50
有效锌（mg/kg）	274	2.02	1.30	64.39	0.33～7.50
有效铁（mg/kg）	278	13.91	8.34	59.93	3.00～87.56
有效锰（mg/kg）	277	10.10	5.78	57.25	1.53～49.30
有效硼（mg/kg）	275	0.74	0.41	54.88	0.13～2.06
有效钼（mg/kg）	228	0.186	0.11	57.32	0.040～0.680
有效硫（mg/kg）	263	50.89	31.50	61.90	5.00～149.60
有效硅（mg/kg）	232	135.57	55.31	40.80	49.26～399.00

耕层质地

砂土		砂壤土		轻壤土		中壤土		重壤土		黏土	
样本数	占比（%）	样本数	占比（%）	样本数	占比（%）	样本数	占比（%）	样本数	占比（%）	样本数	占比（%）
3	0.96	33	10.54	137	43.77	107	34.19	31	9.90	2	0.64

土壤 pH

≤4.5		(4.5～5.5]		(5.5～6.5]		(6.5～7.5]		(7.5～8.5]		>8.5	
样本数	占比（%）	样本数	占比（%）	样本数	占比（%）	样本数	占比（%）	样本数	占比（%）	样本数	占比（%）
0	0.00	1	0.32	0	0.00	33	10.54	255	81.47	24	7.67

潮土—盐化潮土—苏打潮土耕地土壤主要理化性状

项目名称	样本数（个）	平均值	标准差	变异系数（%）	范　围
有效土层厚度（cm）	48	100.0	0.00	0.00	100.0～100.0
耕层厚度（cm）	40	20.9	1.68	8.01	20.0～25.0
耕层容重（g/cm^3）	48	1.34	0.05	4.02	1.25～1.53
有机质（g/kg）	48	18.8	4.34	23.08	9.0～28.6
全氮（g/kg）	48	1.010	0.23	22.68	0.574～1.595
有效磷（mg/kg）	48	29.0	20.54	70.90	3.0～86.2
速效钾（mg/kg）	48	300	105.06	35.00	100～400
缓效钾（mg/kg）	47	865	285.97	33.07	202～1 361
有效铜（mg/kg）	46	2.60	1.39	53.42	0.65～5.91
有效锌（mg/kg）	48	1.33	0.91	68.68	0.32～4.24
有效铁（mg/kg）	46	15.21	8.89	58.48	3.30～36.30
有效锰（mg/kg）	45	8.73	7.18	82.26	1.60～38.10
有效硼（mg/kg）	47	1.10	0.55	49.45	0.18～1.86
有效钼（mg/kg）	1	0.080	—	—	—
有效硫（mg/kg）	47	55.03	38.34	69.67	5.00～151.60
有效硅（mg/kg）	1	114.20	—	—	—

耕层质地

砂土		砂壤土		轻壤土		中壤土		重壤土		黏土	
样本数	占比（%）	样本数	占比（%）	样本数	占比（%）	样本数	占比（%）	样本数	占比（%）	样本数	占比（%）
0	0.00	1	2.08	3	6.25	8	16.67	26	54.17	10	20.83

土壤 pH

≤4.5		(4.5～5.5]		(5.5～6.5]		(6.5～7.5]		(7.5～8.5]		>8.5	
样本数	占比（%）	样本数	占比（%）	样本数	占比（%）	样本数	占比（%）	样本数	占比（%）	样本数	占比（%）
0	0.00	0	0.00	0	0.00	2	4.17	43	89.58	3	6.25

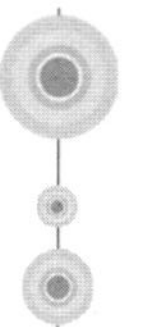

潮土—碱化潮土—碱化砂土耕地土壤主要理化性状

项目名称	样本数（个）	平均值	标准差	变异系数（%）	范　围
有效土层厚度（cm）	100	100.0	0.00	0.00	100.0～100.0
耕层厚度（cm）	100	20.0	0.00	0.00	20.0～20.0
耕层容重（g/cm^3）	100	1.30	0.03	1.98	1.26～1.38
有机质（g/kg）	100	16.3	3.02	18.55	8.1～26.2
全氮（g/kg）	100	1.202	0.24	19.74	0.450～1.880
有效磷（mg/kg）	100	12.4	3.48	28.00	3.3～18.7
速效钾（mg/kg）	99	145	49.13	33.82	70～290
缓效钾（mg/kg）	100	356	189.43	53.25	137～1 300
有效铜（mg/kg）	97	1.40	0.76	54.08	0.45～4.50
有效锌（mg/kg）	98	1.23	1.13	91.86	0.32～7.10
有效铁（mg/kg）	100	15.57	10.45	67.14	4.42～63.17
有效锰（mg/kg）	100	12.05	7.12	59.08	3.10～43.39
有效硼（mg/kg）	100	0.46	0.21	44.81	0.13～1.06
有效钼（mg/kg）	100	0.201	0.07	32.42	0.070～0.350
有效硫（mg/kg）	100	14.63	11.68	79.85	5.00～91.10
有效硅（mg/kg）	92	300.73	151.64	50.42	53.52～558.60

耕层质地

砂土		砂壤土		轻壤土		中壤土		重壤土		黏土	
样本数	占比（%）	样本数	占比（%）	样本数	占比（%）	样本数	占比（%）	样本数	占比（%）	样本数	占比（%）
0	0.00	79	79.00	14	14.00	5	5.00	0	0.00	2	2.00

土壤 pH

≤4.5		(4.5～5.5]		(5.5～6.5]		(6.5～7.5]		(7.5～8.5]		>8.5	
样本数	占比（%）	样本数	占比（%）	样本数	占比（%）	样本数	占比（%）	样本数	占比（%）	样本数	占比（%）
0	0.00	0	0.00	1	1.00	0	0.00	92	92.00	7	7.00

潮土—碱化潮土—碱潮壤土耕地土壤主要理化性状

项目名称	样本数（个）	平均值	标准差	变异系数（%）	范　围
有效土层厚度（cm）	65	79.1	20.13	25.46	60.0～100.0
耕层厚度（cm）	62	20.7	1.19	5.74	20.0～25.0
耕层容重（g/cm^3）	65	1.37	0.09	6.26	1.23～1.52
有机质（g/kg）	64	14.5	3.01	20.75	9.7～25.7
全氮（g/kg）	65	0.885	0.19	21.80	0.370～1.600
有效磷（mg/kg）	65	18.2	14.72	80.74	3.0～77.9
速效钾（mg/kg）	65	110	34.19	31.16	64～259
缓效钾（mg/kg）	65	686	99.58	14.52	412～914
有效铜（mg/kg）	53	0.88	0.53	60.57	0.45～3.47
有效锌（mg/kg）	59	2.07	1.60	77.34	0.48～6.74
有效铁（mg/kg）	53	9.38	11.83	126.18	2.94～79.10
有效锰（mg/kg）	59	14.42	12.62	87.53	3.47～80.10
有效硼（mg/kg）	46	0.97	0.55	56.63	0.19～2.02
有效钼（mg/kg）	58	0.201	0.12	59.32	0.040～0.390
有效硫（mg/kg）	59	18.19	7.09	38.96	8.24～42.80
有效硅（mg/kg）	46	100.44	67.42	67.13	48.38～326.57

耕层质地

砂土		砂壤土		轻壤土		中壤土		重壤土		黏土	
样本数	占比（%）	样本数	占比（%）	样本数	占比（%）	样本数	占比（%）	样本数	占比（%）	样本数	占比（%）
0	0.00	9	13.85	32	49.23	16	24.62	3	4.62	5	7.69

土壤 pH

≤4.5		(4.5～5.5]		(5.5～6.5]		(6.5～7.5]		(7.5～8.5]		>8.5	
样本数	占比（%）	样本数	占比（%）	样本数	占比（%）	样本数	占比（%）	样本数	占比（%）	样本数	占比（%）
0	0.00	0	0.00	0	0.00	0	0.00	65	100.00	0	0.00

潮土—碱化潮土—碱潮黏土耕地土壤主要理化性状

项目名称	样本数（个）	平均值	标准差	变异系数（%）	范　围
有效土层厚度（cm）	14	100.0	0.00	0.00	100.0～100.0
耕层厚度（cm）	14	20.0	0.00	0.00	20.0～20.0
耕层容重（g/cm^3）	14	1.31	0.00	0.20	1.31～1.32
有机质（g/kg）	14	18.4	3.72	20.22	12.1～24.1
全氮（g/kg）	14	1.192	0.21	17.30	0.800～1.510
有效磷（mg/kg）	14	15.2	3.49	22.92	8.4～20.2
速效钾（mg/kg）	14	145	30.11	20.83	102～189
缓效钾（mg/kg）	14	431	213.79	49.66	181～940
有效铜（mg/kg）	14	1.37	0.40	29.17	1.00～2.16
有效锌（mg/kg）	13	1.06	0.27	25.73	0.73～1.75
有效铁（mg/kg）	14	18.43	14.32	77.69	7.47～64.22
有效锰（mg/kg）	14	11.43	4.06	35.54	4.50～22.10
有效硼（mg/kg）	14	0.38	0.17	45.79	0.14～0.76
有效钼（mg/kg）	14	0.217	0.06	28.36	0.090～0.300
有效硫（mg/kg）	14	13.06	7.14	54.66	5.00～28.60
有效硅（mg/kg）	14	254.79	136.34	53.51	63.49～525.50

耕层质地

砂土		砂壤土		轻壤土		中壤土		重壤土		黏土	
样本数	占比（%）	样本数	占比（%）	样本数	占比（%）	样本数	占比（%）	样本数	占比（%）	样本数	占比（%）
0	0.00	0	0.00	0	0.00	0	0.00	12	85.71	2	14.29

土壤 pH

≤4.5		(4.5～5.5]		(5.5～6.5]		(6.5～7.5]		(7.5～8.5]		>8.5	
样本数	占比（%）	样本数	占比（%）	样本数	占比（%）	样本数	占比（%）	样本数	占比（%）	样本数	占比（%）
0	0.00	0	0.00	0	0.00	0	0.00	13	92.86	1	7.14

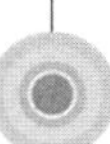

潮土—灌淤潮土—淤潮黏土耕地土壤主要理化性状

项目名称	样本数（个）	平均值	标准差	变异系数（%）	范围
有效土层厚度（cm）	32	100.0	0.00	0.00	100.0～100.0
耕层厚度（cm）	31	20.3	0.94	4.65	20.0～24.0
耕层容重（g/cm^3）	31	1.34	0.10	7.66	1.22～1.58
有机质（g/kg）	31	19.4	5.31	27.40	8.2～30.6
全氮（g/kg）	31	1.177	0.31	25.94	0.420～1.760
有效磷（mg/kg）	32	35.8	19.57	54.61	4.6～84.2
速效钾（mg/kg）	32	212	67.05	31.64	94～400
缓效钾（mg/kg）	32	832	153.15	18.41	520～1 065
有效铜（mg/kg）	16	1.67	1.17	70.13	0.54～4.44
有效锌（mg/kg）	14	1.58	0.88	55.81	0.52～3.16
有效铁（mg/kg）	16	21.58	22.30	103.35	6.31～75.10
有效锰（mg/kg）	15	18.61	23.64	127.02	2.80～100.00
有效硼（mg/kg）	15	0.65	0.25	38.26	0.31～1.07
有效钼（mg/kg）	13	0.124	0.07	60.11	0.050～0.260
有效硫（mg/kg）	16	22.60	7.78	34.41	8.28～35.15
有效硅（mg/kg）	16	184.01	80.13	43.55	84.24～309.77

耕层质地

砂土		砂壤土		轻壤土		中壤土		重壤土		黏土	
样本数	占比（%）	样本数	占比（%）	样本数	占比（%）	样本数	占比（%）	样本数	占比（%）	样本数	占比（%）
0	0.00	0	0.00	0	0.00	5	15.63	2	6.25	25	78.13

土壤 pH

≤4.5		(4.5～5.5]		(5.5～6.5]		(6.5～7.5]		(7.5～8.5]		>8.5	
样本数	占比（%）	样本数	占比（%）	样本数	占比（%）	样本数	占比（%）	样本数	占比（%）	样本数	占比（%）
0	0.00	2	6.25	2	6.25	1	3.13	27	84.38	0	0.00

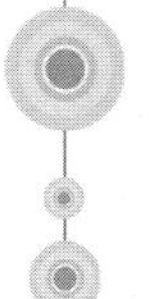

潮土—灌淤潮土—表锈淤潮砂土耕地土壤主要理化性状

项目名称	样本数（个）	平均值	标准差	变异系数（%）	范　围
有效土层厚度（cm）	16	100.0	0.00	0.00	100.0～100.0
耕层厚度（cm）	15	21.2	1.93	9.13	20.0～25.0
耕层容重（g/cm^3）	16	1.30	0.01	0.84	1.28～1.31
有机质（g/kg）	16	21.6	3.43	15.90	16.0～28.0
全氮（g/kg）	16	1.272	0.22	17.07	0.870～1.650
有效磷（mg/kg）	16	22.4	17.14	76.42	6.2～78.7
速效钾（mg/kg）	16	218	91.37	41.84	112～400
缓效钾（mg/kg）	16	736	142.06	19.30	498～950
有效铜（mg/kg）	2	1.26	0.17	13.47	1.14～1.38
有效锌（mg/kg）	2	1.57	0.06	3.60	1.53～1.61
有效铁（mg/kg）	2	29.35	5.08	17.30	25.76～32.94
有效锰（mg/kg）	2	19.40	0.57	2.92	19.00～19.80
有效硼（mg/kg）	2	0.25	0.06	22.63	0.21～0.29
有效钼（mg/kg）	2	0.075	0.01	9.43	0.070～0.080
有效硫（mg/kg）	2	15.91	0.45	2.80	15.60～16.23
有效硅（mg/kg）	2	494.65	50.30	10.17	459.08～530.22

耕层质地

砂土		砂壤土		轻壤土		中壤土		重壤土		黏土	
样本数	占比（%）	样本数	占比（%）	样本数	占比（%）	样本数	占比（%）	样本数	占比（%）	样本数	占比（%）
0	0.00	0	0.00	0	0.00	0	0.00	0	0.00	16	100.00

土壤 pH

≤4.5		(4.5～5.5]		(5.5～6.5]		(6.5～7.5]		(7.5～8.5]		>8.5	
样本数	占比（%）	样本数	占比（%）	样本数	占比（%）	样本数	占比（%）	样本数	占比（%）	样本数	占比（%）
0	0.00	0	0.00	0	0.00	0	0.00	16	100.00	0	0.00

砂姜黑土—典型砂姜黑土—黑姜土耕地土壤主要理化性状

项目名称	样本数（个）	平均值	标准差	变异系数（%）	范　围
有效土层厚度（cm）	1 558	92.1	15.94	17.30	60.0～100.0
耕层厚度（cm）	1 555	20.0	0.37	1.86	20.0～25.0
耕层容重（g/cm^3）	1 492	1.35	0.08	5.70	1.15～1.62
有机质（g/kg）	1 533	18.7	4.77	25.56	7.5～30.5
全氮（g/kg）	1 332	1.122	0.24	21.67	0.150～1.890
有效磷（mg/kg）	1 550	19.1	14.11	73.95	3.0～108.4
速效钾（mg/kg）	1 544	153	62.77	41.06	58～400
缓效钾（mg/kg）	1 382	538	227.81	42.37	100～1 358
有效铜（mg/kg）	1 127	1.79	0.79	44.39	0.45～6.07
有效锌（mg/kg）	1 116	1.54	0.92	59.87	0.32～5.91
有效铁（mg/kg）	1 122	40.88	26.74	65.42	3.00～114.30
有效锰（mg/kg）	1 151	34.83	26.07	74.85	2.18～100.00
有效硼（mg/kg）	1 146	0.49	0.26	54.38	0.12～1.69
有效钼（mg/kg）	1 130	0.178	0.07	40.22	0.037～0.660
有效硫（mg/kg）	1 157	20.38	12.37	60.69	5.00～138.90
有效硅（mg/kg）	907	284.31	147.13	51.75	49.40～562.68

耕层质地

砂土		砂壤土		轻壤土		中壤土		重壤土		黏土	
样本数	占比（%）	样本数	占比（%）	样本数	占比（%）	样本数	占比（%）	样本数	占比（%）	样本数	占比（%）
0	0.00	19	1.21	55	3.52	423	27.05	624	39.90	443	28.32

土壤 pH

≤4.5		(4.5～5.5]		(5.5～6.5]		(6.5～7.5]		(7.5～8.5]		>8.5	
样本数	占比（%）	样本数	占比（%）	样本数	占比（%）	样本数	占比（%）	样本数	占比（%）	样本数	占比（%）
12	0.77	266	17.01	516	32.99	432	27.62	329	21.04	9	0.58

砂姜黑土—典型砂姜黑土—黄姜土耕地土壤主要理化性状

项目名称	样本数（个）	平均值	标准差	变异系数（%）	范　围
有效土层厚度（cm）	921	99.9	2.28	2.28	60.0～100.0
耕层厚度（cm）	893	20.1	0.78	3.88	20.0～25.0
耕层容重（g/cm^3）	919	1.32	0.06	4.73	1.16～1.51
有机质（g/kg）	856	19.0	4.43	23.39	7.5～30.6
全氮（g/kg）	794	1.189	0.34	28.42	0.150～1.890
有效磷（mg/kg）	918	27.0	16.89	62.56	3.0～104.9
速效钾（mg/kg）	918	156	49.34	31.64	59～400
缓效钾（mg/kg）	920	509	183.85	36.12	100～1 253
有效铜（mg/kg）	888	1.81	0.73	40.68	0.45～5.90
有效锌（mg/kg）	876	1.10	0.71	63.92	0.32～5.85
有效铁（mg/kg）	908	44.04	28.86	65.54	4.01～102.60
有效锰（mg/kg）	907	42.87	31.08	72.49	2.36～100.00
有效硼（mg/kg）	907	0.65	0.34	53.04	0.12～2.00
有效钼（mg/kg）	904	0.189	0.06	32.42	0.040～0.630
有效硫（mg/kg）	910	23.35	14.44	61.86	5.00～146.00
有效硅（mg/kg）	827	298.56	149.81	50.18	47.45～561.70

耕层质地

砂土		砂壤土		轻壤土		中壤土		重壤土		黏土	
样本数	占比（%）	样本数	占比（%）	样本数	占比（%）	样本数	占比（%）	样本数	占比（%）	样本数	占比（%）
1	0.11	3	0.33	8	0.87	324	35.18	403	43.76	182	19.76

土壤 pH

≤4.5		(4.5～5.5]		(5.5～6.5]		(6.5～7.5]		(7.5～8.5]		>8.5	
样本数	占比（%）	样本数	占比（%）	样本数	占比（%）	样本数	占比（%）	样本数	占比（%）	样本数	占比（%）
3	0.33	323	35.07	335	36.37	183	19.87	71	7.71	6	0.65

砂姜黑土—典型砂姜黑土—覆泥黑姜土耕地土壤主要理化性状

项目名称	样本数（个）	平均值	标准差	变异系数（%）	范　围
有效土层厚度（cm）	346	96.0	12.08	12.59	60.0～100.0
耕层厚度（cm）	357	20.0	0.11	0.53	20.0～22.0
耕层容重（g/cm^3）	328	1.38	0.10	7.14	1.16～1.61
有机质（g/kg）	344	18.5	4.81	26.00	8.7～30.5
全氮（g/kg）	343	1.060	0.27	25.49	0.490～1.863
有效磷（mg/kg）	357	21.8	16.17	74.21	3.0～101.3
速效钾（mg/kg）	356	142	53.50	37.57	60～400
缓效钾（mg/kg）	345	578	249.41	43.14	100～1 360
有效铜（mg/kg）	277	1.89	0.80	42.55	0.63～5.93
有效锌（mg/kg）	264	1.20	0.67	55.54	0.32～5.71
有效铁（mg/kg）	241	55.15	31.81	57.68	2.95～114.50
有效锰（mg/kg）	273	49.70	29.28	58.91	1.70～100.00
有效硼（mg/kg）	256	0.46	0.26	55.77	0.12～2.05
有效钼（mg/kg）	231	0.172	0.10	59.32	0.040～0.540
有效硫（mg/kg）	259	27.69	18.41	66.51	5.00～124.70
有效硅（mg/kg）	145	227.17	99.12	43.63	53.00～551.13

耕层质地

砂土		砂壤土		轻壤土		中壤土		重壤土		黏土	
样本数	占比（%）	样本数	占比（%）	样本数	占比（%）	样本数	占比（%）	样本数	占比（%）	样本数	占比（%）
0	0.00	3	0.84	20	5.60	102	28.57	164	45.94	68	19.05

土壤 pH

≤4.5		(4.5～5.5]		(5.5～6.5]		(6.5～7.5]		(7.5～8.5]		>8.5	
样本数	占比（%）	样本数	占比（%）	样本数	占比（%）	样本数	占比（%）	样本数	占比（%）	样本数	占比（%）
4	1.12	116	32.49	105	29.41	95	26.61	34	9.52	3	0.84

砂姜黑土—石灰性砂姜黑土—灰黑姜土耕地土壤主要理化性状

项目名称	样本数（个）	平均值	标准差	变异系数（%）	范　围
有效土层厚度（cm）	234	94.9	13.40	14.13	60.0～100.0
耕层厚度（cm）	257	20.5	1.55	7.55	20.0～25.0
耕层容重（g/cm^3）	227	1.36	0.07	5.38	1.23～1.50
有机质（g/kg）	259	20.5	4.73	23.02	9.3～30.6
全氮（g/kg）	263	1.270	0.26	20.38	0.522～1.790
有效磷（mg/kg）	267	21.7	15.77	72.70	3.0～87.6
速效钾（mg/kg）	269	186	64.23	34.57	82～400
缓效钾（mg/kg）	269	656	226.45	34.53	100～1 287
有效铜（mg/kg）	138	1.47	0.62	42.36	0.62～4.04
有效锌（mg/kg）	135	1.50	1.00	66.91	0.33～5.44
有效铁（mg/kg）	134	15.06	12.90	85.65	4.81～75.60
有效锰（mg/kg）	137	15.09	15.74	104.26	3.16～100.00
有效硼（mg/kg）	139	0.63	0.30	46.60	0.16～1.96
有效钼（mg/kg）	136	0.170	0.08	46.78	0.040～0.410
有效硫（mg/kg）	133	36.70	26.72	72.81	5.00～150.40
有效硅（mg/kg）	132	176.22	95.30	54.08	68.00～464.55

耕层质地

砂土		砂壤土		轻壤土		中壤土		重壤土		黏土	
样本数	占比（%）	样本数	占比（%）	样本数	占比（%）	样本数	占比（%）	样本数	占比（%）	样本数	占比（%）
0	0.00	0	0.00	31	11.52	87	32.34	75	27.88	76	28.25

土壤 pH

≤4.5		(4.5～5.5]		(5.5～6.5]		(6.5～7.5]		(7.5～8.5]		>8.5	
样本数	占比（%）	样本数	占比（%）	样本数	占比（%）	样本数	占比（%）	样本数	占比（%）	样本数	占比（%）
0	0.00	9	3.35	11	4.09	40	14.87	201	74.72	8	2.97

砂姜黑土—石灰性砂姜黑土—覆淤黑姜土耕地土壤主要理化性状

项目名称	样本数（个）	平均值	标准差	变异系数（%）	范　围
有效土层厚度（cm）	107	94.0	14.33	15.24	60.0～100.0
耕层厚度（cm）	107	20.1	0.72	3.59	20.0～25.0
耕层容重（g/cm^3）	100	1.36	0.08	5.69	1.17～1.60
有机质（g/kg）	106	20.3	3.66	18.04	13.9～30.6
全氮（g/kg）	107	1.216	0.25	20.37	0.550～1.860
有效磷（mg/kg）	104	23.4	15.06	64.31	6.9～77.6
速效钾（mg/kg）	107	173	67.02	38.83	62～365
缓效钾（mg/kg）	107	821	216.80	26.42	350～1 304
有效铜（mg/kg）	35	1.77	0.97	54.68	0.78～5.99
有效锌（mg/kg）	35	1.78	1.04	58.60	0.33～4.36
有效铁（mg/kg）	33	18.45	20.62	111.78	3.15～104.00
有效锰（mg/kg）	30	17.79	11.36	63.82	5.29～57.13
有效硼（mg/kg）	23	0.48	0.25	51.81	0.16～0.96
有效钼（mg/kg）	21	0.154	0.09	56.23	0.040～0.370
有效硫（mg/kg）	27	35.17	23.74	67.50	7.90～97.50
有效硅（mg/kg）	21	212.40	98.68	46.46	57.12～523.98

耕层质地

砂土		砂壤土		轻壤土		中壤土		重壤土		黏土	
样本数	占比（%）	样本数	占比（%）	样本数	占比（%）	样本数	占比（%）	样本数	占比（%）	样本数	占比（%）
0	0.00	2	1.87	8	7.48	21	19.63	76	71.03	0	0.00

土壤 pH

≤4.5		(4.5～5.5]		(5.5～6.5]		(6.5～7.5]		(7.5～8.5]		>8.5	
样本数	占比（%）	样本数	占比（%）	样本数	占比（%）	样本数	占比（%）	样本数	占比（%）	样本数	占比（%）
0	0.00	9	8.41	25	23.36	20	18.69	53	49.53	0	0.00

砂姜黑土—碱化砂姜黑土—碱黑姜土耕地土壤主要理化性状

项目名称	样本数（个）	平均值	标准差	变异系数（%）	范　围
有效土层厚度（cm）	1	100.0	—	—	—
耕层厚度（cm）	1	20.0	—	—	—
耕层容重（g/cm^3）	0	—	—	—	—
有机质（g/kg）	1	16.0	—	—	—
全氮（g/kg）	1	0.860	—	—	—
有效磷（mg/kg）	1	8.6	—	—	—
速效钾（mg/kg）	1	202	—	—	—
缓效钾（mg/kg）	1	258	—	—	—
有效铜（mg/kg）	1	0.97	—	—	—
有效锌（mg/kg）	1	0.45	—	—	—
有效铁（mg/kg）	1	39.50	—	—	—
有效锰（mg/kg）	1	8.50	—	—	—
有效硼（mg/kg）	1	0.55	—	—	—
有效钼（mg/kg）	1	0.130	—	—	—
有效硫（mg/kg）	1	35.45	—	—	—
有效硅（mg/kg）	1	403.67	—	—	—

耕层质地

砂土		砂壤土		轻壤土		中壤土		重壤土		黏土	
样本数	占比（%）	样本数	占比（%）	样本数	占比（%）	样本数	占比（%）	样本数	占比（%）	样本数	占比（%）
0	0.00	0	0.00	0	0.00	1	100.00	0	0.00	0	0.00

土壤 pH

≤4.5		(4.5～5.5]		(5.5～6.5]		(6.5～7.5]		(7.5～8.5]		>8.5	
样本数	占比（%）	样本数	占比（%）	样本数	占比（%）	样本数	占比（%）	样本数	占比（%）	样本数	占比（%）
0	0.00	0	0.00	0	0.00	1	100.00	0	0.00	0	0.00

砂姜黑土—黑黏土—黑泥土耕地土壤主要理化性状

项目名称	样本数（个）	平均值	标准差	变异系数（%）	范　围
有效土层厚度（cm）	9	100.0	0.00	0.00	100.0～100.0
耕层厚度（cm）	9	20.6	1.67	8.11	20.0～25.0
耕层容重（g/cm^3）	9	1.33	0.05	4.09	1.25～1.39
有机质（g/kg）	9	19.2	5.27	27.38	14.0～29.0
全氮（g/kg）	9	1.064	0.39	36.33	0.700～1.640
有效磷（mg/kg）	9	21.3	8.66	40.62	10.8～34.4
速效钾（mg/kg）	9	150	55.52	36.90	70～225
缓效钾（mg/kg）	9	623	95.96	15.40	500～782
有效铜（mg/kg）	2	1.68	0.15	8.87	1.57～1.78
有效锌（mg/kg）	2	1.56	0.18	11.79	1.43～1.69
有效铁（mg/kg）	2	18.31	14.71	80.39	7.90～28.71
有效锰（mg/kg）	2	15.33	7.11	46.40	10.30～20.36
有效硼（mg/kg）	2	0.47	0.36	77.55	0.21～0.72
有效钼（mg/kg）	2	0.100	0.01	14.14	0.090～0.110
有效硫（mg/kg）	2	14.43	0.28	1.91	14.23～14.62
有效硅（mg/kg）	2	326.45	240.63	73.71	156.30～496.60

耕层质地

砂土		砂壤土		轻壤土		中壤土		重壤土		黏土	
样本数	占比（%）	样本数	占比（%）	样本数	占比（%）	样本数	占比（%）	样本数	占比（%）	样本数	占比（%）
0	0.00	0	0.00	0	0.00	1	11.11	3	33.33	5	55.56

土壤 pH

≤4.5		(4.5～5.5]		(5.5～6.5]		(6.5～7.5]		(7.5～8.5]		>8.5	
样本数	占比（%）	样本数	占比（%）	样本数	占比（%）	样本数	占比（%）	样本数	占比（%）	样本数	占比（%）
0	0.00	1	11.11	1	11.11	1	11.11	6	66.67	0	0.00

沼泽土—典型沼泽土—典型沼泽土耕地土壤主要理化性状

项目名称	样本数（个）	平均值	标准差	变异系数（%）	范　围
有效土层厚度（cm）	1	100.0	—	—	—
耕层厚度（cm）	1	20.0	—	—	—
耕层容重（g/cm^3）	1	1.23	—	—	—
有机质（g/kg）	1	28.9	—	—	—
全氮（g/kg）	1	1.840	—	—	—
有效磷（mg/kg）	1	8.8	—	—	—
速效钾（mg/kg）	1	182	—	—	—
缓效钾（mg/kg）	1	826	—	—	—
有效铜（mg/kg）	1	2.73	—	—	—
有效锌（mg/kg）	1	1.80	—	—	—
有效铁（mg/kg）	1	13.40	—	—	—
有效锰（mg/kg）	1	6.30	—	—	—
有效硼（mg/kg）	1	1.01	—	—	—
有效钼（mg/kg）	1	0.250	—	—	—
有效硫（mg/kg）	1	16.10	—	—	—
有效硅（mg/kg）	1	202.00	—	—	—

耕层质地

砂土		砂壤土		轻壤土		中壤土		重壤土		黏土	
样本数	占比（%）	样本数	占比（%）	样本数	占比（%）	样本数	占比（%）	样本数	占比（%）	样本数	占比（%）
0	0.00	0	0.00	0	0.00	0	0.00	1	100.00	0	0.00

土壤 pH

≤4.5		(4.5～5.5]		(5.5～6.5]		(6.5～7.5]		(7.5～8.5]		>8.5	
样本数	占比（%）	样本数	占比（%）	样本数	占比（%）	样本数	占比（%）	样本数	占比（%）	样本数	占比（%）
0	0.00	0	0.00	0	0.00	0	0.00	1	100.00	0	0.00

沼泽土—草甸沼泽土—草甸沼泽土耕地土壤主要理化性状

项目名称	样本数（个）	平均值	标准差	变异系数（%）	范　围
有效土层厚度（cm）	5	100.0	0.00	0.00	100.0～100.0
耕层厚度（cm）	4	20.0	0.00	0.00	20.0～20.0
耕层容重（g/cm^3）	5	1.48	0.08	5.34	1.37～1.56
有机质（g/kg）	5	15.8	3.10	19.63	11.8～19.3
全氮（g/kg）	5	0.898	0.16	17.54	0.640～1.030
有效磷（mg/kg）	5	26.6	11.38	42.83	17.5～42.8
速效钾（mg/kg）	4	168	100.55	59.76	87～303
缓效钾（mg/kg）	4	674	242.10	35.92	413～997
有效铜（mg/kg）	5	1.60	0.96	60.24	0.72～3.10
有效锌（mg/kg）	5	1.36	0.61	44.68	0.62～2.13
有效铁（mg/kg）	4	31.06	40.22	129.50	3.94～90.50
有效锰（mg/kg）	5	10.76	8.74	81.26	2.15～25.55
有效硼（mg/kg）	5	1.21	0.41	33.55	0.87～1.92
有效钼（mg/kg）	5	0.288	0.17	60.01	0.040～0.500
有效硫（mg/kg）	5	29.89	32.00	107.08	5.91～78.50
有效硅（mg/kg）	5	135.23	57.75	42.71	77.22～217.28

耕层质地

砂土		砂壤土		轻壤土		中壤土		重壤土		黏土	
样本数	占比（%）	样本数	占比（%）	样本数	占比（%）	样本数	占比（%）	样本数	占比（%）	样本数	占比（%）
0	0.00	0	0.00	1	20.00	1	20.00	2	40.00	1	20.00

土壤 pH

≤4.5		(4.5～5.5]		(5.5～6.5]		(6.5～7.5]		(7.5～8.5]		>8.5	
样本数	占比（%）	样本数	占比（%）	样本数	占比（%）	样本数	占比（%）	样本数	占比（%）	样本数	占比（%）
0	0.00	0	0.00	0	0.00	0	0.00	5	100.00	0	0.00

沼泽土—盐化沼泽土—盐化沼泽土耕地土壤主要理化性状

项目名称	样本数（个）	平均值	标准差	变异系数（%）	范　围
有效土层厚度（cm）	14	100.0	0.00	0.00	100.0～100.0
耕层厚度（cm）	8	20.8	1.49	7.17	20.0～24.0
耕层容重（g/cm^3）	14	1.35	0.00	0.00	1.35～1.35
有机质（g/kg）	14	17.2	2.57	14.94	12.7～22.4
全氮（g/kg）	14	0.911	0.15	15.94	0.677～1.280
有效磷（mg/kg）	14	13.3	18.69	141.00	3.9～76.5
速效钾（mg/kg）	14	357	82.78	23.17	119～400
缓效钾（mg/kg）	12	982	190.51	19.41	679～1 334
有效铜（mg/kg）	13	4.70	1.14	24.15	2.80～6.09
有效锌（mg/kg）	14	1.84	0.21	11.54	1.45～2.31
有效铁（mg/kg）	14	18.99	5.37	28.31	7.60～26.40
有效锰（mg/kg）	9	11.12	4.32	38.87	6.90～17.80
有效硼（mg/kg）	14	1.51	0.26	16.94	1.12～2.06
有效钼（mg/kg）	0	—	—	—	—
有效硫（mg/kg）	14	64.48	33.89	52.56	23.40～137.00
有效硅（mg/kg）	0	—	—	—	—

耕层质地

砂土		砂壤土		轻壤土		中壤土		重壤土		黏土	
样本数	占比（%）	样本数	占比（%）	样本数	占比（%）	样本数	占比（%）	样本数	占比（%）	样本数	占比（%）
0	0.00	0	0.00	0	0.00	0	0.00	13	92.86	1	7.14

土壤 pH

≤4.5		(4.5～5.5]		(5.5～6.5]		(6.5～7.5]		(7.5～8.5]		>8.5	
样本数	占比（%）	样本数	占比（%）	样本数	占比（%）	样本数	占比（%）	样本数	占比（%）	样本数	占比（%）
0	0.00	0	0.00	0	0.00	3	21.43	9	64.29	2	14.29

草甸盐土—典型草甸盐土—氯化物草甸盐土耕地土壤主要理化性状

项目名称	样本数（个）	平均值	标准差	变异系数（%）	范　围
有效土层厚度（cm）	15	92.0	16.56	18.00	60.0～100.0
耕层厚度（cm）	15	20.0	0.00	0.00	20.0～20.0
耕层容重（g/cm^3）	10	1.35	0.11	8.32	1.21～1.53
有机质（g/kg）	15	21.0	4.96	23.64	13.4～30.0
全氮（g/kg）	15	1.261	0.24	19.08	0.920～1.559
有效磷（mg/kg）	15	35.6	15.92	44.77	4.5～76.4
速效钾（mg/kg）	15	226	112.82	49.91	68～400
缓效钾（mg/kg）	14	870	233.02	26.80	424～1 166
有效铜（mg/kg）	14	1.76	1.03	58.53	0.67～4.99
有效锌（mg/kg）	14	2.05	1.18	57.50	0.37～3.76
有效铁（mg/kg）	14	13.48	6.65	49.33	7.70～33.90
有效锰（mg/kg）	14	9.63	3.66	38.00	4.44～18.90
有效硼（mg/kg）	13	0.91	0.31	34.09	0.40～1.62
有效钼（mg/kg）	14	0.137	0.07	48.51	0.040～0.262
有效硫（mg/kg）	14	50.13	37.16	74.12	5.42～127.59
有效硅（mg/kg）	14	125.39	53.33	42.53	71.50～244.80

耕层质地

砂土		砂壤土		轻壤土		中壤土		重壤土		黏土	
样本数	占比（%）	样本数	占比（%）	样本数	占比（%）	样本数	占比（%）	样本数	占比（%）	样本数	占比（%）
0	0.00	1	6.67	8	53.33	2	13.33	0	0.00	4	26.67

土壤 pH

≤4.5		(4.5～5.5]		(5.5～6.5]		(6.5～7.5]		(7.5～8.5]		>8.5	
样本数	占比（%）	样本数	占比（%）	样本数	占比（%）	样本数	占比（%）	样本数	占比（%）	样本数	占比（%）
0	0.00	0	0.00	0	0.00	1	6.67	13	86.67	1	6.67

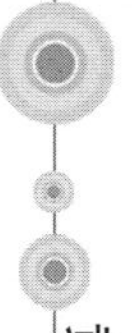

草甸盐土—典型草甸盐土—硫酸盐草甸盐土耕地土壤主要理化性状

项目名称	样本数（个）	平均值	标准差	变异系数（%）	范　围
有效土层厚度（cm）	12	100.0	0.00	0.00	100.0～100.0
耕层厚度（cm）	12	20.0	0.00	0.00	20.0～20.0
耕层容重（g/cm³）	4	1.31	0.14	10.50	1.18～1.50
有机质（g/kg）	11	17.0	4.69	27.57	8.5～22.5
全氮（g/kg）	9	0.872	0.59	67.24	0.150～1.550
有效磷（mg/kg）	12	14.3	6.87	48.07	6.4～27.3
速效钾（mg/kg）	12	217	98.17	45.16	87～384
缓效钾（mg/kg）	10	921	211.42	22.95	651～1 317
有效铜（mg/kg）	11	0.96	0.27	27.57	0.52～1.29
有效锌（mg/kg）	11	1.28	0.42	32.86	0.61～1.75
有效铁（mg/kg）	11	12.41	5.14	41.43	7.49～24.60
有效锰（mg/kg）	11	9.72	3.56	36.66	4.19～16.54
有效硼（mg/kg）	11	0.56	0.29	52.19	0.27～1.22
有效钼（mg/kg）	11	0.178	0.08	46.37	0.070～0.330
有效硫（mg/kg）	11	63.87	41.57	65.09	8.90～114.68
有效硅（mg/kg）	11	111.35	43.90	39.42	62.71～184.00

耕层质地

砂土		砂壤土		轻壤土		中壤土		重壤土		黏土	
样本数	占比（%）	样本数	占比（%）	样本数	占比（%）	样本数	占比（%）	样本数	占比（%）	样本数	占比（%）
0	0.00	0	0.00	6	50.00	6	50.00	0	0.00	0	0.00

土壤 pH

≤4.5		(4.5～5.5]		(5.5～6.5]		(6.5～7.5]		(7.5～8.5]		>8.5	
样本数	占比（%）	样本数	占比（%）	样本数	占比（%）	样本数	占比（%）	样本数	占比（%）	样本数	占比（%）
0	0.00	0	0.00	0	0.00	0	0.00	12	100.00	0	0.00

草甸盐土—碱化盐土—氯化物碱化盐土耕地土壤主要理化性状

项目名称	样本数（个）	平均值	标准差	变异系数（%）	范　围
有效土层厚度（cm）	4	100.0	0.00	0.00	100.0～100.0
耕层厚度（cm）	4	20.0	0.00	0.00	20.0～20.0
耕层容重（g/cm^3）	4	1.31	0.06	4.46	1.25～1.38
有机质（g/kg）	4	22.4	6.06	27.05	16.7～30.2
全氮（g/kg）	4	1.215	0.19	16.02	0.950～1.400
有效磷（mg/kg）	4	17.7	7.00	39.59	8.6～24.3
速效钾（mg/kg）	4	251	62.65	24.96	181～320
缓效钾（mg/kg）	3	949	253.62	26.73	661～1 139
有效铜（mg/kg）	3	1.03	0.21	20.06	0.81～1.22
有效锌（mg/kg）	3	0.59	0.16	27.25	0.42～0.74
有效铁（mg/kg）	3	13.33	3.47	26.04	11.20～17.34
有效锰（mg/kg）	3	6.17	3.08	49.95	2.72～8.65
有效硼（mg/kg）	3	0.50	0.06	12.00	0.44～0.56
有效钼（mg/kg）	3	0.247	0.06	22.33	0.210～0.310
有效硫（mg/kg）	3	104.03	16.54	15.90	85.34～116.76
有效硅（mg/kg）	3	115.03	14.64	12.73	99.00～127.71

耕层质地

砂土		砂壤土		轻壤土		中壤土		重壤土		黏土	
样本数	占比（%）	样本数	占比（%）	样本数	占比（%）	样本数	占比（%）	样本数	占比（%）	样本数	占比（%）
1	25.00	1	25.00	0	0.00	2	50.00	0	0.00	0	0.00

土壤 pH

≤4.5		(4.5～5.5]		(5.5～6.5]		(6.5～7.5]		(7.5～8.5]		>8.5	
样本数	占比（%）	样本数	占比（%）	样本数	占比（%）	样本数	占比（%）	样本数	占比（%）	样本数	占比（%）
0	0.00	0	0.00	0	0.00	0	0.00	4	100.00	0	0.00

滨海盐土—典型滨海盐土—滨海泥盐土耕地土壤主要理化性状

项目名称	样本数（个）	平均值	标准差	变异系数（%）	范　围
有效土层厚度（cm）	12	100.0	0.00	0.00	100.0～100.0
耕层厚度（cm）	12	20.0	0.00	0.00	20.0～20.0
耕层容重（g/cm^3）	7	1.54	0.08	5.47	1.35～1.59
有机质（g/kg）	12	14.4	2.86	19.80	9.1～19.7
全氮（g/kg）	12	0.933	0.15	15.98	0.632～1.170
有效磷（mg/kg）	12	21.7	15.62	72.12	6.5～51.0
速效钾（mg/kg）	12	332	97.42	29.31	73～400
缓效钾（mg/kg）	5	863	271.10	31.42	505～1 200
有效铜（mg/kg）	12	1.89	0.71	37.82	1.39～3.96
有效锌（mg/kg）	11	2.09	1.16	55.75	0.57～4.15
有效铁（mg/kg）	12	28.63	11.39	39.79	7.04～46.29
有效锰（mg/kg）	12	23.70	26.72	112.73	2.73～100.00
有效硼（mg/kg）	10	1.22	0.50	41.25	0.76～2.00
有效钼（mg/kg）	11	0.218	0.17	79.86	0.060～0.640
有效硫（mg/kg）	11	75.53	32.44	42.95	24.10～133.00
有效硅（mg/kg）	11	216.43	88.18	40.74	67.50～316.00

耕层质地

砂土		砂壤土		轻壤土		中壤土		重壤土		黏土	
样本数	占比（%）	样本数	占比（%）	样本数	占比（%）	样本数	占比（%）	样本数	占比（%）	样本数	占比（%）
0	0.00	1	8.33	0	0.00	2	16.67	2	16.67	7	58.33

土壤 pH

≤4.5		(4.5～5.5]		(5.5～6.5]		(6.5～7.5]		(7.5～8.5]		>8.5	
样本数	占比（%）	样本数	占比（%）	样本数	占比（%）	样本数	占比（%）	样本数	占比（%）	样本数	占比（%）
0	0.00	0	0.00	0	0.00	1	8.33	7	58.33	4	33.33

滨海盐土—滨海沼泽盐土—滨海沼泽盐土耕地土壤主要理化性状

项目名称	样本数（个）	平均值	标准差	变异系数（%）	范 围
有效土层厚度（cm）	4	100.0	0.00	0.00	100.0～100.0
耕层厚度（cm）	4	20.0	0.00	0.00	20.0～20.0
耕层容重（g/cm³）	2	1.54	0.01	0.92	1.53～1.55
有机质（g/kg）	4	18.2	4.39	24.19	13.6～23.2
全氮（g/kg）	4	1.278	0.26	20.59	1.110～1.670
有效磷（mg/kg）	4	34.3	6.36	18.56	25.3～40.3
速效钾（mg/kg）	4	331	46.79	14.16	299～400
缓效钾（mg/kg）	0	—	—	—	—
有效铜（mg/kg）	4	1.42	0.23	15.95	1.21～1.74
有效锌（mg/kg）	4	2.23	1.03	46.22	1.02～3.47
有效铁（mg/kg）	4	21.23	9.39	44.26	10.70～33.00
有效锰（mg/kg）	4	14.66	7.19	49.04	8.34～24.98
有效硼（mg/kg）	4	1.09	0.18	16.73	0.83～1.22
有效钼（mg/kg）	4	0.163	0.13	77.90	0.040～0.340
有效硫（mg/kg）	4	36.64	32.83	89.60	8.97～82.45
有效硅（mg/kg）	4	273.14	52.50	19.22	194.55～304.00

耕层质地

砂土		砂壤土		轻壤土		中壤土		重壤土		黏土	
样本数	占比（%）	样本数	占比（%）	样本数	占比（%）	样本数	占比（%）	样本数	占比（%）	样本数	占比（%）
0	0.00	0	0.00	0	0.00	0	0.00	4	100.00	0	0.00

土壤 pH

≤4.5		(4.5～5.5]		(5.5～6.5]		(6.5～7.5]		(7.5～8.5]		＞8.5	
样本数	占比（%）	样本数	占比（%）	样本数	占比（%）	样本数	占比（%）	样本数	占比（%）	样本数	占比（%）
0	0.00	0	0.00	0	0.00	0	0.00	4	100.00	0	0.00

滨海盐土—滨海潮滩盐土—涂砂盐土耕地土壤主要理化性状

项目名称	样本数（个）	平均值	标准差	变异系数（%）	范　围
有效土层厚度（cm）	6	100.0	0.00	0.00	100.0～100.0
耕层厚度（cm）	6	20.0	0.00	0.00	20.0～20.0
耕层容重（g/cm^3）	6	1.36	0.06	4.50	1.28～1.45
有机质（g/kg）	6	16.8	6.63	39.58	9.7～24.9
全氮（g/kg）	6	1.128	0.37	32.71	0.550～1.655
有效磷（mg/kg）	6	3.0	0.00	0.00	3.0～3.0
速效钾（mg/kg）	6	171	67.64	39.55	95～254
缓效钾（mg/kg）	6	100	0.00	0.00	100～100
有效铜（mg/kg）	5	1.69	0.24	14.25	1.46～2.04
有效锌（mg/kg）	6	1.56	1.07	68.54	0.63～3.33
有效铁（mg/kg）	6	16.35	6.37	38.93	12.49～29.08
有效锰（mg/kg）	6	9.58	1.86	19.41	6.55～11.75
有效硼（mg/kg）	6	1.11	0.38	34.22	0.71～1.65
有效钼（mg/kg）	6	0.227	0.02	9.53	0.200～0.260
有效硫（mg/kg）	5	83.37	30.34	36.39	49.50～126.30
有效硅（mg/kg）	6	98.03	23.69	24.17	63.20～117.50

耕层质地

砂土		砂壤土		轻壤土		中壤土		重壤土		黏土	
样本数	占比（%）	样本数	占比（%）	样本数	占比（%）	样本数	占比（%）	样本数	占比（%）	样本数	占比（%）
0	0.00	0	0.00	5	83.33	0	0.00	1	16.67	0	0.00

土壤 pH

≤4.5		(4.5～5.5]		(5.5～6.5]		(6.5～7.5]		(7.5～8.5]		>8.5	
样本数	占比（%）	样本数	占比（%）	样本数	占比（%）	样本数	占比（%）	样本数	占比（%）	样本数	占比（%）
0	0.00	0	0.00	0	0.00	1	16.67	5	83.33	0	0.00

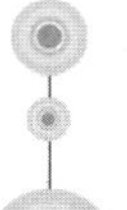

水稻土—潴育水稻土—潮泥田耕地土壤主要理化性状

项目名称	样本数（个）	平均值	标准差	变异系数（%）	范围
有效土层厚度（cm）	18	73.3	19.40	26.46	60.0～100.0
耕层厚度（cm）	15	20.0	0.00	0.00	20.0～20.0
耕层容重（g/cm^3）	18	1.42	0.07	4.56	1.23～1.51
有机质（g/kg）	17	16.8	3.32	19.81	8.5～20.8
全氮（g/kg）	18	0.877	0.22	24.57	0.310～1.140
有效磷（mg/kg）	18	12.7	10.53	83.04	3.0～50.0
速效钾（mg/kg）	13	93	42.96	46.39	61～227
缓效钾（mg/kg）	19	360	126.07	34.99	149～674
有效铜（mg/kg）	16	2.62	0.90	34.56	0.54～4.64
有效锌（mg/kg）	17	2.37	1.02	43.01	0.53～5.27
有效铁（mg/kg）	18	60.17	25.75	42.80	5.46～107.10
有效锰（mg/kg）	17	57.04	23.45	41.12	3.05～91.30
有效硼（mg/kg）	18	0.40	0.33	82.34	0.14～1.48
有效钼（mg/kg）	17	0.177	0.15	86.63	0.049～0.560
有效硫（mg/kg）	18	15.35	5.92	38.55	5.00～28.01
有效硅（mg/kg）	5	100.56	28.04	27.88	68.03～133.40

耕层质地

砂土		砂壤土		轻壤土		中壤土		重壤土		黏土	
样本数	占比（%）	样本数	占比（%）	样本数	占比（%）	样本数	占比（%）	样本数	占比（%）	样本数	占比（%）
2	10.53	0	0.00	1	5.26	3	15.79	13	68.42	0	0.00

土壤 pH

≤4.5		(4.5～5.5]		(5.5～6.5]		(6.5～7.5]		(7.5～8.5]		>8.5	
样本数	占比（%）	样本数	占比（%）	样本数	占比（%）	样本数	占比（%）	样本数	占比（%）	样本数	占比（%）
0	0.00	0	0.00	1	5.26	15	78.95	3	15.79	0	0.00

水稻土—潴育水稻土—湖泥田耕地土壤主要理化性状

项目名称	样本数（个）	平均值	标准差	变异系数（%）	范　围
有效土层厚度（cm）	14	68.6	17.03	24.84	60.0～100.0
耕层厚度（cm）	14	20.0	0.00	0.00	20.0～20.0
耕层容重（g/cm^3）	12	1.46	0.11	7.41	1.15～1.54
有机质（g/kg）	14	17.7	3.03	17.08	13.4～23.5
全氮（g/kg）	13	1.011	0.17	16.54	0.710～1.390
有效磷（mg/kg）	14	14.0	5.81	41.64	3.8～25.1
速效钾（mg/kg）	13	93	29.28	31.35	61～160
缓效钾（mg/kg）	14	387	76.67	19.84	212～498
有效铜（mg/kg）	12	2.35	0.59	24.95	1.48～3.60
有效锌（mg/kg）	12	1.69	0.67	39.70	0.86～3.01
有效铁（mg/kg）	11	81.57	15.62	19.15	54.90～105.40
有效锰（mg/kg）	12	76.58	13.29	17.36	59.10～100.00
有效硼（mg/kg）	11	0.38	0.19	50.90	0.14～0.82
有效钼（mg/kg）	12	0.121	0.04	35.13	0.054～0.194
有效硫（mg/kg）	12	17.59	5.46	31.07	6.55～25.31
有效硅（mg/kg）	1	127.10	—	—	—

耕层质地

砂土		砂壤土		轻壤土		中壤土		重壤土		黏土	
样本数	占比（%）	样本数	占比（%）	样本数	占比（%）	样本数	占比（%）	样本数	占比（%）	样本数	占比（%）
0	0.00	0	0.00	0	0.00	2	14.29	9	64.29	3	21.43

土壤 pH

≤4.5		(4.5～5.5]		(5.5～6.5]		(6.5～7.5]		(7.5～8.5]		>8.5	
样本数	占比（%）	样本数	占比（%）	样本数	占比（%）	样本数	占比（%）	样本数	占比（%）	样本数	占比（%）
0	0.00	0	0.00	3	21.43	11	78.57	0	0.00	0	0.00

水稻土—潴育水稻土—马肝泥田耕地土壤主要理化性状

项目名称	样本数（个）	平均值	标准差	变异系数（%）	范 围
有效土层厚度（cm）	151	100.0	0.00	0.00	100.0～100.0
耕层厚度（cm）	151	20.0	0.00	0.00	20.0～20.0
耕层容重（g/cm^3）	151	1.31	0.07	5.32	1.15～1.50
有机质（g/kg）	143	20.6	5.18	25.11	10.6～30.2
全氮（g/kg）	146	1.159	0.29	25.11	0.530～1.830
有效磷（mg/kg）	151	18.3	10.24	55.99	3.0～84.3
速效钾（mg/kg）	147	152	58.26	38.45	60～371
缓效钾（mg/kg）	151	507	172.68	34.05	100～917
有效铜（mg/kg）	144	1.74	0.88	50.21	0.48～4.99
有效锌（mg/kg）	148	1.31	0.70	53.28	0.34～3.82
有效铁（mg/kg）	146	29.29	20.49	69.97	2.97～96.28
有效锰（mg/kg）	148	21.80	11.43	52.44	2.14～56.60
有效硼（mg/kg）	147	0.68	0.41	60.56	0.12～1.99
有效钼（mg/kg）	142	0.199	0.09	47.21	0.050～0.650
有效硫（mg/kg）	150	21.27	10.10	47.47	5.00～49.58
有效硅（mg/kg）	139	284.44	139.35	48.99	48.90～561.90

耕层质地

砂土		砂壤土		轻壤土		中壤土		重壤土		黏土	
样本数	占比（%）	样本数	占比（%）	样本数	占比（%）	样本数	占比（%）	样本数	占比（%）	样本数	占比（%）
0	0.00	19	12.58	0	0.00	85	56.29	14	9.27	33	21.85

土壤 pH

≤4.5		(4.5～5.5]		(5.5～6.5]		(6.5～7.5]		(7.5～8.5]		>8.5	
样本数	占比（%）	样本数	占比（%）	样本数	占比（%）	样本数	占比（%）	样本数	占比（%）	样本数	占比（%）
0	0.00	11	7.28	58	38.41	56	37.09	26	17.22	0	0.00

水稻土—淹育水稻土—浅潮泥田耕地土壤主要理化性状

项目名称	样本数（个）	平均值	标准差	变异系数（%）	范　围
有效土层厚度（cm）	142	97.7	9.26	9.47	60.0～100.0
耕层厚度（cm）	144	20.1	0.59	2.93	20.0～25.0
耕层容重（g/cm^3）	120	1.34	0.08	5.99	1.21～1.58
有机质（g/kg）	139	22.0	5.83	26.58	9.0～30.0
全氮（g/kg）	123	1.284	0.34	26.75	0.183～1.890
有效磷（mg/kg）	141	39.7	27.13	68.34	3.0～109.5
速效钾（mg/kg）	137	166	68.84	41.50	60～355
缓效钾（mg/kg）	128	539	284.79	52.85	100～1 196
有效铜（mg/kg）	105	2.96	1.17	39.71	0.49～5.68
有效锌（mg/kg）	119	2.39	1.14	47.60	0.33～6.58
有效铁（mg/kg）	113	38.07	25.23	66.29	3.90～113.00
有效锰（mg/kg）	120	26.66	20.28	76.05	2.79～100.00
有效硼（mg/kg）	105	0.47	0.25	54.61	0.12～1.56
有效钼（mg/kg）	105	0.165	0.09	52.84	0.050～0.460
有效硫（mg/kg）	90	41.58	37.26	89.62	6.91～152.80
有效硅（mg/kg）	104	137.20	66.61	48.55	55.00～443.01

耕层质地

砂土		砂壤土		轻壤土		中壤土		重壤土		黏土	
样本数	占比（%）	样本数	占比（%）	样本数	占比（%）	样本数	占比（%）	样本数	占比（%）	样本数	占比（%）
2	1.39	11	7.64	23	15.97	54	37.50	13	9.03	41	28.47

土壤 pH

≤4.5		(4.5～5.5]		(5.5～6.5]		(6.5～7.5]		(7.5～8.5]		>8.5	
样本数	占比（%）	样本数	占比（%）	样本数	占比（%）	样本数	占比（%）	样本数	占比（%）	样本数	占比（%）
5	3.47	21	14.58	46	31.94	13	9.03	59	40.97	0	0.00

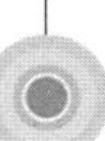

水稻土—淹育水稻土—浅潮泥砂田耕地土壤主要理化性状

项目名称	样本数（个）	平均值	标准差	变异系数（%）	范　围
有效土层厚度（cm）	2	100.0	0.00	0.00	100.0～100.0
耕层厚度（cm）	2	20.0	0.00	0.00	20.0～20.0
耕层容重（g/cm^3）	2	1.39	0.01	1.02	1.38～1.40
有机质（g/kg）	2	20.4	2.44	11.99	18.6～22.1
全氮（g/kg）	2	1.069	0.12	10.91	0.987～1.152
有效磷（mg/kg）	2	17.8	4.81	27.01	14.4～21.2
速效钾（mg/kg）	2	179	45.25	25.28	147～211
缓效钾（mg/kg）	2	875	69.30	7.92	826～924
有效铜（mg/kg）	2	1.35	0.21	15.71	1.20～1.50
有效锌（mg/kg）	2	2.06	0.07	3.43	2.01～2.11
有效铁（mg/kg）	2	20.41	3.39	16.63	18.01～22.81
有效锰（mg/kg）	2	12.41	0.50	4.04	12.06～12.77
有效硼（mg/kg）	2	0.19	0.06	34.40	0.14～0.23
有效钼（mg/kg）	2	0.280	0.00	0.00	0.280～0.280
有效硫（mg/kg）	2	12.26	0.00	0.00	12.26～12.26
有效硅（mg/kg）	2	190.09	10.78	5.67	182.46～197.71

耕层质地

砂土		砂壤土		轻壤土		中壤土		重壤土		黏土	
样本数	占比（%）	样本数	占比（%）	样本数	占比（%）	样本数	占比（%）	样本数	占比（%）	样本数	占比（%）
1	50.00	0	0.00	1	50.00	0	0.00	0	0.00	0	0.00

土壤 pH

≤4.5		(4.5～5.5]		(5.5～6.5]		(6.5～7.5]		(7.5～8.5]		>8.5	
样本数	占比（%）	样本数	占比（%）	样本数	占比（%）	样本数	占比（%）	样本数	占比（%）	样本数	占比（%）
0	0.00	0	0.00	0	0.00	0	0.00	2	100.00	0	0.00

水稻土—淹育水稻土—浅湖泥田耕地土壤主要理化性状

项目名称	样本数（个）	平均值	标准差	变异系数（%）	范　围
有效土层厚度（cm）	13	100.0	0.00	0.00	100.0～100.0
耕层厚度（cm）	13	20.0	0.00	0.00	20.0～20.0
耕层容重（g/cm^3）	13	1.27	0.05	4.12	1.16～1.38
有机质（g/kg）	12	22.1	4.97	22.48	13.1～30.0
全氮（g/kg）	8	1.145	0.21	18.15	0.720～1.420
有效磷（mg/kg）	13	35.6	28.79	80.92	3.0～101.0
速效钾（mg/kg）	13	171	59.67	34.96	89～267
缓效钾（mg/kg）	13	751	401.74	53.48	100～1 347
有效铜（mg/kg）	4	3.98	2.02	50.61	1.83～6.03
有效锌（mg/kg）	8	2.23	1.09	48.87	0.98～4.02
有效铁（mg/kg）	8	49.62	32.23	64.95	11.60～102.41
有效锰（mg/kg）	8	14.23	4.06	28.54	6.73～20.16
有效硼（mg/kg）	7	0.41	0.11	26.10	0.30～0.59
有效钼（mg/kg）	7	0.163	0.03	16.13	0.120～0.200
有效硫（mg/kg）	3	88.30	52.86	59.87	30.50～134.20
有效硅（mg/kg）	7	112.75	34.47	30.57	85.50～181.25

耕层质地

砂土		砂壤土		轻壤土		中壤土		重壤土		黏土	
样本数	占比（%）	样本数	占比（%）	样本数	占比（%）	样本数	占比（%）	样本数	占比（%）	样本数	占比（%）
0	0.00	0	0.00	0	0.00	0	0.00	2	15.38	11	84.62

土壤 pH

≤4.5		(4.5～5.5]		(5.5～6.5]		(6.5～7.5]		(7.5～8.5]		>8.5	
样本数	占比（%）	样本数	占比（%）	样本数	占比（%）	样本数	占比（%）	样本数	占比（%）	样本数	占比（%）
0	0.00	2	15.38	2	15.38	2	15.38	7	53.85	0	0.00

水稻土—淹育水稻土—浅暗泥田耕地土壤主要理化性状

项目名称	样本数（个）	平均值	标准差	变异系数（%）	范 围
有效土层厚度（cm）	1	100.0	—	—	—
耕层厚度（cm）	1	20.0	—	—	—
耕层容重（g/cm^3）	1	1.42	—	—	—
有机质（g/kg）	1	17.4	—	—	—
全氮（g/kg）	1	1.000	—	—	—
有效磷（mg/kg）	1	51.4	—	—	—
速效钾（mg/kg）	1	205	—	—	—
缓效钾（mg/kg）	1	1 130	—	—	—
有效铜（mg/kg）	1	2.57	—	—	—
有效锌（mg/kg）	1	3.06	—	—	—
有效铁（mg/kg）	1	9.50	—	—	—
有效锰（mg/kg）	1	10.70	—	—	—
有效硼（mg/kg）	1	0.24	—	—	—
有效钼（mg/kg）	1	0.140	—	—	—
有效硫（mg/kg）	1	28.00	—	—	—
有效硅（mg/kg）	0	—	—	—	—

耕层质地

砂土		砂壤土		轻壤土		中壤土		重壤土		黏土	
样本数	占比（%）	样本数	占比（%）	样本数	占比（%）	样本数	占比（%）	样本数	占比（%）	样本数	占比（%）
0	0.00	0	0.00	0	0.00	0	0.00	1	100.00	0	0.00

土壤 pH

≤4.5		(4.5～5.5]		(5.5～6.5]		(6.5～7.5]		(7.5～8.5]		>8.5	
样本数	占比（%）	样本数	占比（%）	样本数	占比（%）	样本数	占比（%）	样本数	占比（%）	样本数	占比（%）
0	0.00	0	0.00	0	0.00	0	0.00	1	100.00	0	0.00

水稻土—淹育水稻土—浅马肝泥田耕地土壤主要理化性状

项目名称	样本数（个）	平均值	标准差	变异系数（%）	范　围
有效土层厚度（cm）	24	90.0	17.69	19.66	60.0～100.0
耕层厚度（cm）	24	20.0	0.00	0.00	20.0～20.0
耕层容重（g/cm³）	22	1.37	0.11	8.38	1.15～1.53
有机质（g/kg）	24	17.2	3.10	18.04	12.0～23.5
全氮（g/kg）	24	0.898	0.21	23.04	0.530～1.210
有效磷（mg/kg）	24	11.4	10.49	91.66	3.0～42.1
速效钾（mg/kg）	23	96	21.51	22.45	63～138
缓效钾（mg/kg）	24	427	86.86	20.36	300～677
有效铜（mg/kg）	9	2.68	0.69	25.82	1.34～3.53
有效锌（mg/kg）	9	1.84	0.80	43.37	0.73～3.24
有效铁（mg/kg）	7	74.94	19.05	25.42	37.90～95.40
有效锰（mg/kg）	9	69.65	24.33	34.94	30.65～99.60
有效硼（mg/kg）	9	0.48	0.23	49.07	0.28～0.90
有效钼（mg/kg）	8	0.114	0.07	61.23	0.039～0.250
有效硫（mg/kg）	9	17.00	8.73	51.36	6.20～34.03
有效硅（mg/kg）	2	140.84	34.17	24.27	116.67～165.00

耕层质地

砂土		砂壤土		轻壤土		中壤土		重壤土		黏土	
样本数	占比（%）	样本数	占比（%）	样本数	占比（%）	样本数	占比（%）	样本数	占比（%）	样本数	占比（%）
0	0.00	0	0.00	1	4.17	11	45.83	1	4.17	11	45.83

土壤 pH

≤4.5		(4.5～5.5]		(5.5～6.5]		(6.5～7.5]		(7.5～8.5]		>8.5	
样本数	占比（%）	样本数	占比（%）	样本数	占比（%）	样本数	占比（%）	样本数	占比（%）	样本数	占比（%）
0	0.00	3	12.50	14	58.33	7	29.17	0	0.00	0	0.00

水稻土—淹育水稻土—浅黄土田耕地土壤主要理化性状

项目名称	样本数（个）	平均值	标准差	变异系数（%）	范 围
有效土层厚度（cm）	3	100.0	0.00	0.00	100.0～100.0
耕层厚度（cm）	3	20.0	0.00	0.00	20.0～20.0
耕层容重（g/cm³）	3	1.45	0.12	7.97	1.33～1.56
有机质（g/kg）	3	17.9	5.05	28.19	12.2～21.8
全氮（g/kg）	3	1.127	0.40	35.40	0.700～1.490
有效磷（mg/kg）	3	21.4	11.37	53.23	11.7～33.9
速效钾（mg/kg）	3	97	40.51	41.91	64～142
缓效钾（mg/kg）	3	900	183.06	20.35	729～1 093
有效铜（mg/kg）	3	1.79	0.22	12.00	1.67～2.04
有效锌（mg/kg）	3	1.71	1.24	72.30	0.74～3.11
有效铁（mg/kg）	3	26.53	34.13	128.66	5.21～65.90
有效锰（mg/kg）	1	67.70	—	—	—
有效硼（mg/kg）	3	0.69	0.25	36.97	0.48～0.97
有效钼（mg/kg）	3	0.383	0.27	70.98	0.070～0.560
有效硫（mg/kg）	3	18.94	11.44	60.39	9.61～31.70
有效硅（mg/kg）	2	159.13	7.28	4.58	153.98～164.28

耕层质地

砂土		砂壤土		轻壤土		中壤土		重壤土		黏土	
样本数	占比（%）	样本数	占比（%）	样本数	占比（%）	样本数	占比（%）	样本数	占比（%）	样本数	占比（%）
0	0.00	0	0.00	3	100.00	0	0.00	0	0.00	0	0.00

土壤 pH

≤4.5		(4.5～5.5]		(5.5～6.5]		(6.5～7.5]		(7.5～8.5]		>8.5	
样本数	占比（%）	样本数	占比（%）	样本数	占比（%）	样本数	占比（%）	样本数	占比（%）	样本数	占比（%）
0	0.00	0	0.00	1	33.33	0	0.00	2	66.67	0	0.00

水稻土—潴育水稻土—渗湖泥田耕地土壤主要理化性状

项目名称	样本数（个）	平均值	标准差	变异系数（%）	范　围
有效土层厚度（cm）	261	100.0	0.00	0.00	100.0～100.0
耕层厚度（cm）	261	20.0	0.12	0.62	20.0～22.0
耕层容重（g/cm^3）	257	1.31	0.08	6.16	1.15～1.50
有机质（g/kg）	205	21.3	4.96	23.33	8.4～30.7
全氮（g/kg）	232	1.224	0.29	23.82	0.470～1.880
有效磷（mg/kg）	261	25.5	15.59	61.20	4.0～89.9
速效钾（mg/kg）	256	167	64.13	38.45	64～400
缓效钾（mg/kg）	260	548	172.66	31.52	136～1 071
有效铜（mg/kg）	253	1.74	0.78	44.86	0.51～5.96
有效锌（mg/kg）	258	1.28	0.78	60.80	0.32～6.20
有效铁（mg/kg）	260	34.30	20.07	58.52	2.90～97.75
有效锰（mg/kg）	261	24.18	12.33	50.99	1.60～100.00
有效硼（mg/kg）	258	0.60	0.37	61.89	0.13～1.52
有效钼（mg/kg）	261	0.182	0.05	29.03	0.090～0.480
有效硫（mg/kg）	261	24.59	13.49	54.84	5.00～87.60
有效硅（mg/kg）	239	297.90	151.86	50.98	47.15～560.56

耕层质地

砂土		砂壤土		轻壤土		中壤土		重壤土		黏土	
样本数	占比（%）	样本数	占比（%）	样本数	占比（%）	样本数	占比（%）	样本数	占比（%）	样本数	占比（%）
0	0.00	26	9.96	0	0.00	102	39.08	42	16.09	91	34.87

土壤 pH

≤4.5		(4.5～5.5]		(5.5～6.5]		(6.5～7.5]		(7.5～8.5]		>8.5	
样本数	占比（%）	样本数	占比（%）	样本数	占比（%）	样本数	占比（%）	样本数	占比（%）	样本数	占比（%）
0	0.00	26	9.96	114	43.68	73	27.97	48	18.39	0	0.00

水稻土—渗育水稻土—渗马肝泥田耕地土壤主要理化性状

项目名称	样本数（个）	平均值	标准差	变异系数（%）	范围
有效土层厚度（cm）	1	100.0	—	—	—
耕层厚度（cm）	1	20.0	—	—	—
耕层容重（g/cm^3）	1	1.31	—	—	—
有机质（g/kg）	1	18.6	—	—	—
全氮（g/kg）	1	1.500	—	—	—
有效磷（mg/kg）	1	18.4	—	—	—
速效钾（mg/kg）	1	107	—	—	—
缓效钾（mg/kg）	1	100	—	—	—
有效铜（mg/kg）	1	0.49	—	—	—
有效锌（mg/kg）	1	0.57	—	—	—
有效铁（mg/kg）	1	11.50	—	—	—
有效锰（mg/kg）	1	26.90	—	—	—
有效硼（mg/kg）	1	1.99	—	—	—
有效钼（mg/kg）	1	0.550	—	—	—
有效硫（mg/kg）	1	38.38	—	—	—
有效硅（mg/kg）	1	367.79	—	—	—

耕层质地

砂土		砂壤土		轻壤土		中壤土		重壤土		黏土	
样本数	占比（%）	样本数	占比（%）	样本数	占比（%）	样本数	占比（%）	样本数	占比（%）	样本数	占比（%）
0	0.00	0	0.00	0	0.00	1	100.00	0	0.00	0	0.00

土壤 pH

≤4.5		(4.5～5.5]		(5.5～6.5]		(6.5～7.5]		(7.5～8.5]		>8.5	
样本数	占比（%）	样本数	占比（%）	样本数	占比（%）	样本数	占比（%）	样本数	占比（%）	样本数	占比（%）
0	0.00	0	0.00	0	0.00	1	100.00	0	0.00	0	0.00

水稻土—潜育水稻土—青潮泥田耕地土壤主要理化性状

项目名称	样本数（个）	平均值	标准差	变异系数（%）	范　围
有效土层厚度（cm）	8	100.0	0.00	0.00	100.0～100.0
耕层厚度（cm）	8	20.0	0.00	0.00	20.0～20.0
耕层容重（g/cm^3）	8	1.31	0.07	5.50	1.25～1.42
有机质（g/kg）	7	17.4	4.18	24.10	13.9～23.5
全氮（g/kg）	7	0.833	0.42	50.44	0.320～1.410
有效磷（mg/kg）	8	17.3	9.53	55.07	7.2～34.9
速效钾（mg/kg）	8	131	26.44	20.26	94～170
缓效钾（mg/kg）	7	667	58.22	8.73	618～783
有效铜（mg/kg）	8	1.15	0.18	15.79	0.78～1.38
有效锌（mg/kg）	8	1.59	0.64	39.99	1.10～2.95
有效铁（mg/kg）	8	12.09	12.90	106.77	2.95～40.60
有效锰（mg/kg）	8	13.02	3.67	28.19	9.36～21.10
有效硼（mg/kg）	8	0.40	0.21	53.00	0.12～0.84
有效钼（mg/kg）	7	0.146	0.05	32.40	0.100～0.210
有效硫（mg/kg）	8	26.94	23.53	87.35	10.26～75.00
有效硅（mg/kg）	8	237.90	52.71	22.16	120.65～289.30

耕层质地

砂土		砂壤土		轻壤土		中壤土		重壤土		黏土	
样本数	占比（%）	样本数	占比（%）	样本数	占比（%）	样本数	占比（%）	样本数	占比（%）	样本数	占比（%）
0	0.00	2	25.00	3	37.50	2	25.00	1	12.50	0	0.00

土壤 pH

≤4.5		(4.5～5.5]		(5.5～6.5]		(6.5～7.5]		(7.5～8.5]		>8.5	
样本数	占比（%）	样本数	占比（%）	样本数	占比（%）	样本数	占比（%）	样本数	占比（%）	样本数	占比（%）
0	0.00	0	0.00	0	0.00	0	0.00	8	100.00	0	0.00

水稻土—漂洗水稻土—漂鳝泥田耕地土壤主要理化性状

项目名称	样本数（个）	平均值	标准差	变异系数（%）	范　围
有效土层厚度（cm）	28	82.9	20.16	24.33	60.0～100.0
耕层厚度（cm）	28	20.0	0.00	0.00	20.0～20.0
耕层容重（g/cm^3）	27	1.37	0.13	9.19	1.16～1.53
有机质（g/kg）	28	16.8	3.18	18.88	11.9～24.2
全氮（g/kg）	28	0.958	0.17	17.91	0.730～1.380
有效磷（mg/kg）	28	14.0	8.41	59.89	4.8～43.5
速效钾（mg/kg）	26	104	41.47	39.74	59～258
缓效钾（mg/kg）	28	415	83.09	20.03	290～718
有效铜（mg/kg）	14	2.57	0.69	26.86	1.40～3.85
有效锌（mg/kg）	13	1.87	0.70	37.33	0.47～3.06
有效铁（mg/kg）	13	83.30	24.95	29.96	14.10～109.30
有效锰（mg/kg）	14	57.89	13.87	23.95	13.49～71.50
有效硼（mg/kg）	13	0.41	0.17	41.77	0.24～0.86
有效钼（mg/kg）	13	0.104	0.06	59.58	0.037～0.200
有效硫（mg/kg）	13	22.89	7.48	32.70	8.23～35.06
有效硅（mg/kg）	1	330.00	—	—	—

耕层质地

砂土		砂壤土		轻壤土		中壤土		重壤土		黏土	
样本数	占比（%）	样本数	占比（%）	样本数	占比（%）	样本数	占比（%）	样本数	占比（%）	样本数	占比（%）
0	0.00	0	0.00	0	0.00	15	53.57	12	42.86	1	3.57

土壤 pH

≤4.5		(4.5～5.5]		(5.5～6.5]		(6.5～7.5]		(7.5～8.5]		>8.5	
样本数	占比（%）	样本数	占比（%）	样本数	占比（%）	样本数	占比（%）	样本数	占比（%）	样本数	占比（%）
0	0.00	3	10.71	12	42.86	12	42.86	1	3.57	0	0.00

水稻土—漂洗水稻土—漂马肝田耕地土壤主要理化性状

项目名称	样本数（个）	平均值	标准差	变异系数（%）	范　围
有效土层厚度（cm）	46	100.0	0.00	0.00	100.0～100.0
耕层厚度（cm）	46	20.0	0.15	0.74	20.0～21.0
耕层容重（g/cm^3）	42	1.34	0.12	9.26	1.15～1.50
有机质（g/kg）	44	20.1	5.03	25.00	12.3～30.7
全氮（g/kg）	45	1.143	0.27	23.55	0.680～1.850
有效磷（mg/kg）	46	19.6	20.64	105.15	3.0～109.0
速效钾（mg/kg）	46	144	60.52	41.95	58～283
缓效钾（mg/kg）	46	414	174.98	42.22	100～752
有效铜（mg/kg）	33	2.08	1.47	70.62	0.54～5.83
有效锌（mg/kg）	34	1.52	0.87	56.86	0.43～3.35
有效铁（mg/kg）	37	31.56	19.64	62.22	3.90～73.20
有效锰（mg/kg）	37	25.22	11.46	45.46	4.94～44.90
有效硼（mg/kg）	37	0.65	0.42	65.31	0.13～1.69
有效钼（mg/kg）	33	0.207	0.14	66.80	0.070～0.630
有效硫（mg/kg）	37	30.52	12.03	39.43	13.17～80.80
有效硅（mg/kg）	34	285.12	160.04	56.13	48.50～563.12

耕层质地

砂土		砂壤土		轻壤土		中壤土		重壤土		黏土	
样本数	占比（%）	样本数	占比（%）	样本数	占比（%）	样本数	占比（%）	样本数	占比（%）	样本数	占比（%）
0	0.00	0	0.00	0	0.00	23	50.00	15	32.61	8	17.39

土壤 pH

≤4.5		(4.5～5.5]		(5.5～6.5]		(6.5～7.5]		(7.5～8.5]		>8.5	
样本数	占比（%）	样本数	占比（%）	样本数	占比（%）	样本数	占比（%）	样本数	占比（%）	样本数	占比（%）
0	0.00	3	6.52	20	43.48	21	45.65	2	4.35	0	0.00

水稻土—盐渍水稻土—氯化物涂泥田耕地土壤主要理化性状

项目名称	样本数（个）	平均值	标准差	变异系数（%）	范　围
有效土层厚度（cm）	30	100.0	0.00	0.00	100.0～100.0
耕层厚度（cm）	30	20.0	0.00	0.00	20.0～20.0
耕层容重（g/cm^3）	20	1.51	0.05	3.48	1.36～1.60
有机质（g/kg）	30	19.4	4.16	21.51	13.4～29.1
全氮（g/kg）	28	1.194	0.27	22.72	0.840～1.790
有效磷（mg/kg）	30	42.7	21.53	50.48	13.9～93.6
速效钾（mg/kg）	30	285	81.78	28.68	120～400
缓效钾（mg/kg）	15	705	357.50	50.68	404～1 330
有效铜（mg/kg）	27	2.00	1.13	56.47	1.13～5.38
有效锌（mg/kg）	28	2.14	0.97	45.33	0.88～4.47
有效铁（mg/kg）	30	34.32	22.42	65.32	7.60～87.50
有效锰（mg/kg）	30	23.34	23.13	99.10	3.09～100.00
有效硼（mg/kg）	30	1.29	0.32	25.09	0.84～1.87
有效钼（mg/kg）	28	0.250	0.20	79.52	0.040～0.670
有效硫（mg/kg）	28	52.27	34.86	66.68	8.51～122.00
有效硅（mg/kg）	30	268.79	59.61	22.18	126.60～352.00

耕层质地

砂土		砂壤土		轻壤土		中壤土		重壤土		黏土	
样本数	占比（%）	样本数	占比（%）	样本数	占比（%）	样本数	占比（%）	样本数	占比（%）	样本数	占比（%）
0	0.00	2	6.67	7	23.33	2	6.67	15	50.00	4	13.33

土壤 pH

≤4.5		(4.5～5.5]		(5.5～6.5]		(6.5～7.5]		(7.5～8.5]		>8.5	
样本数	占比（%）	样本数	占比（%）	样本数	占比（%）	样本数	占比（%）	样本数	占比（%）	样本数	占比（%）
0	0.00	0	0.00	0	0.00	8	26.67	22	73.33	0	0.00